就這樣搞定你！

別做不懂人性的傻瓜

鄭子勳 著

原書名：人從來就是一門學問

〔推薦序〕

如果你還在為「人」的問題而煩惱，那就讀這本書

「橫看成嶺側成峰，遠近高低各不同。」由於每個人的觀察角度和立足點不同，廬山西林壁映入眼簾的形象也千姿百態。

觀山如此，人性也是如此。

培根寫出無數優秀的哲理散文，可他是個貪財戀權的小人；辛德勒救出無數猶太人，私生活卻十分不檢點；愛因斯坦是一流的物理學家，但泡妞也是一流；希特勒很有私德，卻是個殺人魔王……

人性，實在是個古老的話題，也是個答案眾多的話題。孟子說人性善，荀子

說人性惡，告子說無所謂善惡，又說食色性也。可見，人性是複雜的，不能簡單化，善行背後可能是惡意，惡行的初衷可能是好心。

我們活在世上，最大的樂趣是接觸不同的人，瞭解不同的人性。人性是一本書，而且是本厚重、神秘、奇妙、豐富、歷史和現實、矛盾與統一為一體的大書。古人早有「閱人」之說，說起某人老辣，往往也是用「閱人多矣」來概括。其實，無論你從事哪方面的工作，管理、教育、銷售、科研，都需要研究人的心理和行為。人性雖然複雜，但人性也是相通的，幾千年都不曾改變，將來也不會有太大改變，掌握人性的本質，就能以不變應萬變。

有一段時間，我總想透過各種方法來證明，面對一件事情，自己做錯了，但對方本身也有錯，也有責任。可是在漫漫求證的路上，我體會到了失敗，因為我所要證明的東西會引起對方強烈的辯護，乃至憎恨。其實，輸贏對錯都會讓雙方兩敗俱傷，與其一味的指責別人的過錯，還不如給以對方最誠摯的理解和讚美，把自己放在對方的立場去想問題。

只有這樣處理問題，才算真正懂得了人性，順應了人性。

當然，瞭解了人性只能說明你很精明，將人真正搞定，才是本事和智慧。

人是做好一切事情的主體和關鍵。我們每天接觸最多的是人，最難打交道的是人，最讓我們迷惑的也是人，因此，我們有理由相信，在人與人密切交往的今天，只要把人搞定了，就沒有搞不定的事情。

本書作者結合多年來的實踐經驗，將搞定人和做成事的方法用幾個關鍵字來加以概括，那就是「先做人」、「會看人」、「廣交人」、「找對人」、「搞定人」和「能用人」。

先做人，就是在搞定別人之前先搞清自己。我們每個人的身上都存在著諸多缺點和不足，只有認清自己，才能正確評估和使用自己的能力來搞定人、擺平事。

會看人，就是能夠「讀」懂對方的心思，並做出準確的判斷，這樣才能做到知己知彼百戰百勝。

廣交人，就是拓展自己的人脈資源，多交朋友，關係通了事情自然也就好辦了。

找對人，就是從人情世故中提煉出實用獨特的找人辦事的捷徑和方法，找到對的人來辦對的事。

成功做到了以上四點，那麼搞定人、能用人也就順理成章了。

如果你想學會搞定人、辦成事的技巧，就從閱讀本書開始，來打造你的超強能力吧！

〔自序〕

人就是一門學問

身為一名人際關係學家，我接觸過很多因為搞不定事情而苦惱的人。他們或是抱怨，或是頹廢，不知道如何是好，就像抓住救命稻草一般向我尋求幫助。

我們都知道，這是一個「人」的社會，無論我們要做什麼都離不開「人」。很顯然，要想把事情搞定，就得先想辦法搞定人。

以我個人為例，從一個初入職場的菜鳥，成長為今天能夠為他人提供幫助的人際關係講師，一路的坎坷可想而知。正是因為意識到了搞定了人，才能搞定事情的道理之後，我做起事來才會得心應手。這也是我寫這本書的初衷，希望能夠為迷茫於如何為人處世的朋友提供幫助。

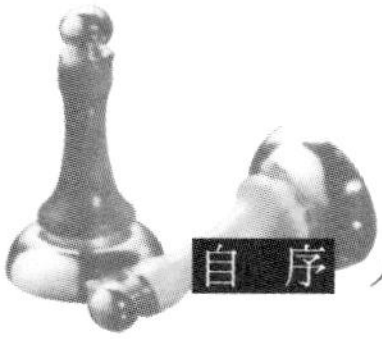

被人們尊稱為「成功學之父」的卡耐基說：「一個人的成功，只有15%依靠他的專業技術，另外85%則要依靠人際關係和處世技巧。」事情是人做的，搞定人自然也就成了搞定事情的基礎。

在做事之前，我們首先要學會做人。只有充分完善自我、提高自我，才能為合理做事打下堅實而牢固的地基，從而使人際關係的「大廈」拔地而起。

不過，要想順順當當「擺平」人和事，單純提高自身能力是遠遠不夠的，還需要你擁有敏銳的洞察力，來透析對方的內心活動。如果你能琢磨透所要面對的人，就彷彿擁有了一雙「慧眼」，可以清楚地瞭解對方的心理動態和思維模式，然後有的放矢地予以溝通，並輕而易舉地達成目標。

在與人辦事的過程中，我們不難發現這樣一個事實，那就是人際關係網的重要性。只有建立起牢固的人際關係網，才會有「貴人」雪中送炭甚至「拔刀相助」。結交朋友，並學會與之相處是一道高深的試題，只有廣交人脈，善於經營，才算是交上一份合格的答卷。

人不是孤立存在的，既然自己不是「全能王」，就需要借助別人的力量和眾人的智慧幫助自己成長。善於與各種各樣的人溝通，就等同於為自己搭建了成功的階梯。當你沿著「階梯」努力向上攀爬時，就會發現人際關係雖然可貴，但是在龐大人際關係網路中找到對的人，也是辦成事情不可或缺的因素之一。從這個角度上說，要想把事情辦得圓滿，就必須找到真正能幫助你做事的人。

結交人、找對人、搞定人是完成一件事情的前奏，只有將這「三部曲」唱響、唱亮，你才能遊刃有餘地去用人。

在這本書裡，我詳細地介紹了如何才能透過不同方法來琢磨人、搞定人。同時，我還根據自己和他人的經歷在接觸人、辦成事的基礎上加以總結，力求將如何接觸人、對待人、觀察人、結交人、找對人、搞定人和用好人的學問變得通俗易懂。使讓讀者輕鬆、簡捷地找到搞定人、辦好事的捷徑，進而幫助你在生活中和職場上如魚得水。

相信我，只要你能夠領悟書中真諦，就能夠輕輕鬆鬆面對任何人，做成各種事。那時的你肩膀上永遠落著一隻青鳥，幸運之神定會相伴左右！

目 錄 contents

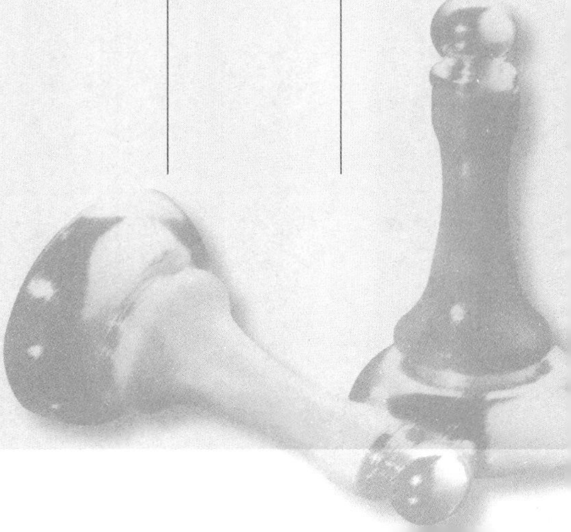

目錄 contents

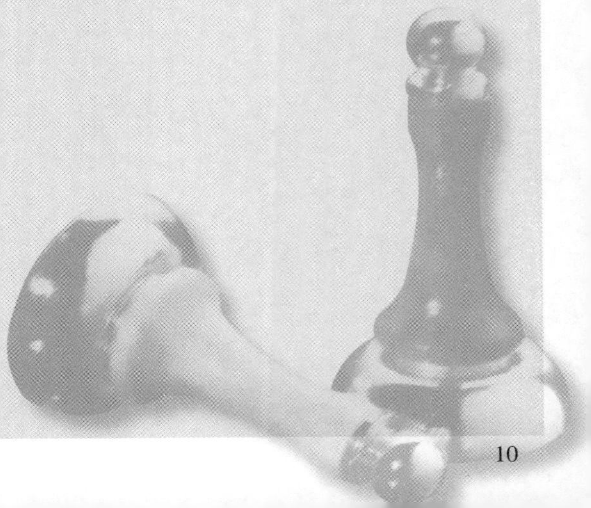

第6章 能用人　用人不疑，疑人不用　297

目 錄 contents

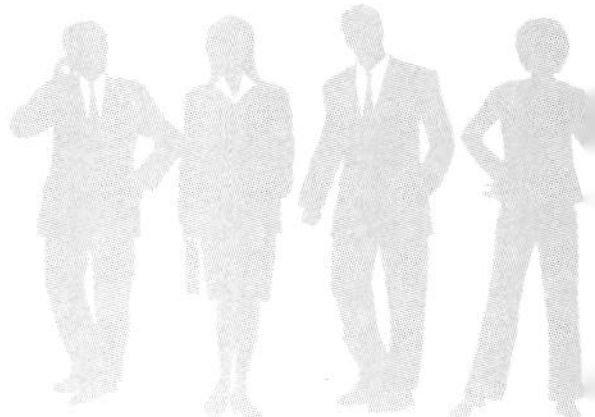

第1章

先做人

做事之前要搞定自己

「做事先做人」，做人是做事的基礎，做事是做人的價值體現。無論大事小事，只要找對方法，找到竅門，不但可以收穫良多，還能使你在人生道路上闊步向前，無往不利。

搞定別人之前先認識自己

阿波羅神殿的大門上有一句富有哲理的話：「要認識你自己」。這是人類的最高智慧，也是做人做事的基礎。

有句古諺：「人貴有自知之明」，只有清楚自己長處和短處的人，才能有效處理問題，輕鬆搞定一切人和事。

這個道理雖然淺顯，但不一定人人都清楚。我常聽朋友抱怨，有人埋怨同事難纏，有人抱憾某件事很難搞定。每每耳邊響起這些聲音，我都會問：「你搞定別人之前，認清自己了嗎？」

小衛是和我從小玩到大的好朋友，我們一直以兄弟相稱。一天，小衛滿臉陰霾地走進我的辦公室。

「嗨，哥們，怎麼了？」看著他愁眉苦臉的樣子，我關切地問道。

「別提了，我最近倒楣透了。」小衛無精打采地回答。

「發生什麼事了？跟我說。」

我的話才落下，他就把我當成「垃圾桶」，煩心事一股腦全「倒」了出來。

原來，小衛的公司要提拔幾名中階管理人員，論資歷或者經驗，小衛都符合條件。可是，主管卻在無意中透露出來，他沒有被提拔的可能。得知這個消息後，小衛抑鬱不已，十分煩悶。

「我就知道，這種好事根本落不到普通人頭上。據說這次被提拔的幾名員工，在公司都有一定的資歷和背景……」這個大男人一直碎碎念，真是令人難以忍受。

「為什麼總是抱怨別人，你反省過自己沒有？」我打斷了他的牢騷。

「反省？」一時，小衛停住了。

「不要一直抱怨，被提拔的員工自然有他過人之處，或是能力，或是閱歷。單憑私人關係，他們是不能服眾的，更別說擔當重任了。」

聽完我的話，小衛張口結舌地說：「我還真沒想過自己的問題。」

他撓了撓頭，若有所思地繼續說：「對了，由於我的粗心，最近有一筆大訂單沒談成，肯定就是這個原因。」

在現實生活中，我們能清楚看到別人的缺點，卻總是遺忘了自己的短處。雖然認識自己不像照鏡子那樣簡單，但是我依然要教讀者幾個認識自己的招數：

1. 認識自己需要經過瞭解和學習的過程，不可急功近利。因為人對自己的認識就如同對客觀世界的認知一樣，需要不斷地瞭解、接觸和思考。

2. 認識自己需要用科學的態度理性分析，正確分清真正的「你」。

3. 只有正確地認知自己，才能從生活和工作中汲取有益的養分，豐富自己、成就自己，進而擁有自主的精神和獨立的人格。

從某種角度上說，能擺平難纏的人和棘手的事，便能同時展現一個人駕馭全域、處理問題的能力。而正確地認識自己，是最不可或缺的前提。

你要覺得自己「行」

通往成功的道路既有坦途也有荊棘小路，遇到困難和挫折時，是勇往直前還是退縮逃避？都出於個人的選擇。但要記住，無論什麼時候都要對自己說：「我能」、「我行」，才會發現生命中的奇蹟。

「不經歷風雨，怎麼見彩虹，沒有人是隨隨便便、莫名其妙就成功的」，當這首歌風靡大街小巷時，我的心如同一隻充滿氣體的皮球，鼓脹的、滿盈的，一種前所未有的信心和力量充斥全身。

回頭看看走過的路，發現自己經歷了這樣幾個階段：曾幾何時，我的志向高遠且不切實際，就好像一塊滿是稜角的石頭。慢慢地，經過時間消磨和沖刷，稜角被磨平了，成為一顆絲毫不起眼的小沙粒，只不過這顆沙粒已經烙痛了我的心。

很長一段時間，我無精打采地生活著，面對問題時，就像鴕鳥一樣把頭深深埋進沙堆裡，妄圖蒙蔽內心。

後來，一位朋友的故事喚起了我內心的萌動，「我能」、「我行」的潛意識竟然是那麼的強烈。終於明白，我從來沒比任何人差過，只是自己說服自己妥協罷了。

某天，我在街上偶遇老同學王曉方，她的境遇讓我感受頗深。

大學時代，王曉方的成績總是名列前茅，寡言少語的她是老師眼中的好學生、家長口裡的乖孩子。一晃，十年過去了，我們都已年近三十。一番寒暄後，我和她來到一家咖啡館敘舊。

如今，擁有高學歷的王曉方在某家公司擔任行政人員，這個職位和在事業上嶄露頭角的其他同學形成了鮮明對比。

「走出校園後，我發現現實和想像的差別如此之大。我沒有朋友，也做不好事情，被老總批評成了家常便飯。現在，我最害怕走進老總的辦公室。」說到這裡，王曉方偷偷抹了一把眼淚。

「可是妳很優秀，當年考的可是明星大學。那時的妳，讓大家著實羨慕一番。」我對王曉方說。

「學生時代只是和書本打交道，現在可不一樣，我要和各種人和事打交道。我害怕犯錯誤，害怕被批評，可是越想努力做好，就越容易出錯。現在的我過得一塌糊塗，拒絕嘗試新事物，人際關係也出現問題。」

看著王曉方滿臉愁容，我聯想到自己。我何嘗不是這樣呢？多年來，我一直努力超越自己，卻被挫折弄得更加自卑。於是，我果斷地拉起王曉方，走進一家心理診所尋求幫助。

醫生耐心聽完王曉方的描述，給她開出了一劑藥方，內容如下：

藥品名稱：自我反省，超越自卑。

劑量：每日一次。

病情分析：每個人心中都有一個目標，可是實現目標卻不是一帆風順的。由於接連打擊，很多人內心湧起自卑，不管事情成功與否，消極的自我評價依然被自卑所掩蓋，總是感覺自己不行。每日自省五分鐘，理性分析自己身上的亮點和短處，這樣既可以改善自我，又可以增加自信心。

從那以後，我也按照醫生開出的「藥方」認真反省，效果果然不同凡響。幾個月後的一天，我和王曉方通了電話。電話剛剛接起，她就興高采烈地告訴我：「我終於升職了，老總讓我當人事助理。雖然只是晉升一小步，但是證明我行！」聽著王曉方激動的話語，我衷心地向她表示祝賀。

掛掉電話，我審視自己的變化，如今的我已經學會敞開心扉真誠與人交往和相處，尋求到比以前更有建設性的人際關係。除此之外，我充分肯定自己，做任何事情都信心十足。

想到這裡，不由得笑了。當然，這發自肺腑的笑容很甜、很美。

別讓情緒駕馭你

「衝動是魔鬼」，負面情緒如同惡魔一樣可怕，它會張牙舞爪地吞噬正面能量。你是乖乖地聽從情緒調遣，還是主動駕馭情緒，這一切自己說了算！

誰都知道掌控情緒的重要性，可是誰也不能保證自己就能百分之百做情緒的主人。曾經的我就是被抑鬱、焦躁和絕望的情緒折磨得死去活來，甚至會做出情緒失控的舉動。一會兒喋喋不休的抱怨，一會兒莫名其妙地大發雷霆，直到身邊的朋友越來越少，才發現負面情緒快要將我推進萬劫不復的深淵了。

我該怎麼辦？是駕馭情緒，還是讓情緒繼續左右生活？這如同哈姆雷特「是生存還是毀滅」的經典選擇一樣，令我為難。

經過幾天思考，我終於邁出向右走的一大步，做出了一個大膽而又正確的決定：「從今以後，情緒聽我的，我說了算！」當我把這個重要的決定告訴Megan後，這個曾經叱吒職場的女強人竟然緊緊握住我的手不放，激動地說：「我們一起努力吧！」

她反常的舉動令我十分詫異，在我的逼問之下，才知道她剛剛吃了情緒的虧。Megan在公司中呼風喚雨，反應快、能力強的她是經理的得意助手。論相貌、能力、經驗、閱歷，她在公司都是數一數二的，可是那不能控制的情緒卻害得她被炒魷魚。

事情的導火線是一件小事，公司要接待幾位大客戶，偏巧祕書生病沒有上班，經理就吩咐Megan為客人準備咖啡。

沒想到其中一位客戶對咖啡十分講究，他聞了聞咖啡的味道，便開始批評Megan：「妳沏的咖啡簡直難以入口，奶味太濃了……」

聽了客戶的話，Megan心中的小宇宙熊熊燃燒，她怒氣沖沖地對客戶說：「你是來談生意的，還是來喝咖啡的？」

客戶尷尬至極，一氣之下拂袖而去，大筆生意就這樣泡湯了。

經理一看，煮熟的鴨子竟然被Megan攪和得飛走了，自然十分惱火。他認為Megan的行為給公司的利益和名譽帶來惡劣的影響，一氣之下就辭退了Megan。

Megan的親身遭遇堅定了我駕馭情緒的決心，我們來到圖書館，準備在知識的海洋中汲取「馴服」負面情緒的力量。皇天不負苦心人，我和Megan終於找到了如何管控情緒的方法，總結起來有以下幾點：

1. 躲避刺激

如果發現哪些事物可能會引起自己的火暴脾氣，那麼就要儘量躲避。明知道「山有虎」，那就繞個道，千萬不要偏向「虎山行」。明智的人懂得躲避刺激，調整自己的心態，將生活規劃得豐富多彩，將人際打理得順風順水。

2. 自我暗示

生活不可能都是一帆風順，每個人難免會遇到使自己不開心的事。遇到這種事情，不管是悲傷失望，還是沮喪難過，這些都不是明智之舉，只有讓自己冷靜再冷靜，才能找出「對症下藥」的解決方式。在心底輕聲地對自己說：「冷靜，不要著急，我一定行，我是最棒的。」透過這種自我暗示的方法，就可以讓負面情緒的沸點降到最低。

情緒對一個人來說，既能引起正面作用，也能給自己帶來不少麻煩，要想從容工作、坦然生活、搞定人際就一定要從自我做起，謹記四字箴言：駕馭情緒。

從圖書館出來後，我和Megan信心滿滿，認為把自己的情緒搞定，根本是小事情，未來的美好畫軸彷彿已在眼前展開。

接受現實，笑對生活

接受現實是一種明智的生活態度，只有心平氣和地選擇接受，才能微笑面對生活中的每一天。

午後，我坐在搖椅上悠閒地看著書。放在身旁的香茗散發著淡淡清香，如同這本書的文字一樣，彷彿擁有一種讓人內心格外舒坦的魔力。作者在書中舉了這樣一個例子：有一個人，他在星期一的時候莫名其妙地挨了別人一頓暴打，被打得遍體鱗傷。星期二，這個人逢人就哭訴自己昨天的不幸。到了第三天，被打的人心情格外抑鬱，他把自己藏在家裡，不想跟任何人見面。星期四到了，這個人心中的火氣越來越大，開始找人打架，目的就是發洩心中的怨恨。

看完這個故事，我陷入深深的思考之中。在現實生活裡，也許你我都受過肉體的傷害，隨著時間推移，傷口已經結痂、癒合，可是精神上的折磨令你的心靈每一天都在流血。故事很精闢，一針見血地指出愚蠢的人不懂得接受現實，總是用愚蠢的錯誤來懲罰自己。而明智的人卻懂得在現實中生存，優遊自在地笑著過生活。

我認識一位女子，她深深地愛著自己丈夫。就在他們攜手步入婚姻殿堂的第十個年頭，丈夫瘋狂地迷戀上另外一位女人。

妻子想盡一切方法要拯救這段瀕臨滅亡的婚姻，企圖挽回家庭。可是丈夫執意離婚，於是曾經恩愛的一對夫妻走上法庭。離婚後，終日以淚洗面，一夜之間好似變成另一個人。那個溫婉、賢慧的女子消失了，取而代之的是一個用尖酸刻薄的言語來詛咒前夫的人。每天，都喋喋不休的抱怨，直到有次照鏡子，她發現自己竟是那樣的憔悴不堪。那一晚，女子窩在角落裡痛哭了整整一夜。第二天清晨，她撥通了電台的情感熱線。隨著舒緩的音樂聲，漸漸平靜下來，她訴說了對前夫的怨恨。

電台主持人溫柔地對女子說：「雖然妳和前夫有過一段美好的回憶，但這已成往事。你們已經離婚了，妳卻耿耿於懷，既不肯面對現實，也不肯放過自己。既然妳和前夫已經成為最熟悉的陌生人，倒不如釋懷一些，寬容一些，接受現實。不然，妳始終執拗地鑽進死胡同不肯出來，受傷最深的那個人只是妳自己。」

掛斷電話，女子如同醍醐灌頂一般醒悟過來。這麼多年，她一直在過去的陰影中苦苦掙扎，根本沒有想過要面對現實，逃離情感的泥沼。

就像我認識的這個女子一樣，很多人都不願接受現實，以至於讓生活變得索然無味甚至痛苦不堪。那麼，究竟應該怎麼做呢？心理專家的意見也許能有所助益。

1. 不要對現實中不理想的一面緊盯不放，要學會放寬心，給自己留喘息空間。

2. 如果你在迷茫中獨自徘徊，找不到出口，索性坦然面對現實，讓心靈之門敞開，如釋重負的感覺自然就會隨之而來。

3. 生活的幸福指數通常隨著人的意識高低起伏。學會調整自己的情緒，調節自身的狀態，就是為生活增添幸福的籌碼，而接受現實就等於給生活一個新的生命。

一年後的某天清晨，電台又接到了女子的電話。通話時間很短，但始終洋溢著幸福的語調：「謝謝，接受現實後的我反倒覺得十分坦然。如今，我找到了生命中真正愛我的人，請大家祝福我吧，未來的生活一定會很美好。」

打破舊格局，塑造新自我

人生就像一場跌宕起伏的戲劇，交織著喜悅、歡笑、悲傷和汗水。在這部戲劇中，只有努力突破自己、超越自己，才能始終站在舞台中央，完美地演繹自我。

我看過這樣一個節目：科學家將幾隻跳蚤放在特製的平台上，猛地拍下平台，跳蚤就會立刻跳起，其高度超過自身的身高好多倍，果然不負「跳高大王」的美譽。

實驗繼續進行，科學家在跳蚤上方罩上一個玻璃蓋子，拍平台後跳蚤彈起會觸碰到蓋子。連續多次，跳蚤為了避免「碰壁」，就調整了自己的彈跳力度。當人們去除玻璃蓋子後，「彈跳大王」只能爬著前進，失去了彈跳能力。

實驗很有意思，讓我不禁想到古希臘學者阿基米德的一句名言：「給我一個支點，我可以撬起整個地球。」表明人都有無限的潛力和能力，關鍵在於你敢不敢打破舊的格局，讓自己重煥新生。

很多人問過我這樣一個問題：「人一生中最大的敵人是誰？」每次聽到這個問題，我都會告訴他：「人最大的敵人就是自我。」「自我」是一道厚厚的牢門，它緊緊地鎖住人體自身的心理模式和思維方法。如果你不用鑰匙打開牢門，就會將自己封閉在過去的世界中，進而迷失方向。

幾年前，我接觸過一個企劃公司的老總，他是一個血氣方剛的年輕人。走出象牙塔後，他毅然放棄家中安排好的工作，選擇自己創業。

創業的道路充滿艱辛和曲折，望著公司低迷的業績，年輕人有些沮喪。於是，他誠懇地向業界的前輩請教。

「我工作很賣力，為什麼公司絲毫不見起色？」年輕人問道。

前輩捧起茶杯，輕啜了一口茶後，說：「是的，你的工作狀態很好。但是所付出的程度只是和原來持平。不要忘記，現在的你是一家公司的老總，你沒有做到應該多付出的職責。換句話說，角色轉變後，你並沒有打破學生時代的格局模式，無法突破自我。」

年輕人聽後目瞪口呆，他從來沒有想過，打破原有格局竟然會對職場前途有著如此重要的影響。

在一般情況下，人在遇到變化的環境和事物時，往往會產生自我設限的情況。他們用以往的經驗和主觀認知去推斷事情的發展和結果，並且對自己的臆斷信心滿滿，可最終結果就是距離成功越來越遠。這個創業的年輕人也是一樣，在不知不覺中，給自己的心理和所處的環境罩上了「玻璃蓋子」，讓能力無法得以施展。

那麼，每一個人該如何打破舊的格局，突破自我，創造自我呢？不妨從以下兩方面著手：

1. 從心理學的角度講，自我暗示有著不可估測的力量。「我可以做得更好」如同一句魔咒可以將束縛的思想解救出來。當打破墨守陳規、千篇一律的模式時，人生就會向嶄新的方向發展。

2. 塑造新自我需要有堅實的自信心做後盾。只有擁有強大的自信心，才可以勇敢邁出腳步超越現狀，在不斷變化中前行。

只有敢於打破舊格局，突破自我的人才是聰明的人。突破自我、超越現狀，就等於不斷給人生設立新的目標，不給期望值封頂。只要打破舊的格局，自身就會煥發巨大潛能，奇蹟一定會發生，成功也會如期而至。

給自己積極的心理暗示

「心理暗示」在生活中隨時隨地都可以遇到，含蓄或間接的方式都可以對人的心理狀態迅速產生影響。如果經常性地給予自我積極心理暗示，人生就會大不相同。

我剛學會開車時，遇到上下班的車流高峰期，心裡就會格外緊張，然後不停地默念：「別碰上，千萬別碰上……」果然差些和別的車子發生小磨擦。相反，我對自己說：「慢點開，沒問題」，我就會順順利利地回到家。鑒於這種情況，我很是納悶，心理暗示真有這麼大的作用嗎？於是，我開始翻閱一系列相關書籍，在裡面果真發現了心理暗示的奇妙作用。

事例1：

地點：華沙。

人物：一群玩耍的兒童。

過程：一位吉普賽女郎對其中的一個女孩說：「妳將會聞名於世。」

結果：預言應驗，成年後的女孩就是赫赫有名的居里夫人。

事例2：

地點：某冷藏庫。

人物：冷藏庫工人。

過程：冷藏庫工人被鎖在裡面，他知道冷藏庫氣溫極低，自己將被凍死。

結果：人們發現這名工人時，他已經被「凍死」。奇怪的是，那天停電，冷藏庫裡只是保持常溫狀態。

世界上真有準確的預言嗎？其實未必，吉普賽女郎只是給居里夫人傳遞了一個「妳會成功」的暗示，進一步在她成長過程中一直輸送積極向上的「養分」；冷藏庫工人為什麼會在常溫狀態下凍死？因為他自己暗示自己：「這裡溫度極低，我肯定會被凍死」，結果自己葬送了生命。

我把這兩個有趣的故事分享給好友Anya，她也對我講述了自己的親身經歷。

跳槽後的Anya工作起來格外謹慎，深怕有哪個地方出錯讓老總發怒。一天，Anya膽戰心驚地捧著企劃書走進老總的辦公室，心裡一個勁地說：「趕快過關，千萬別批評我。」

越是這樣想，她發現老總的眉頭皺成一團。最後，老總拍桌子訓斥道：「是怎麼搞的，到職又不是一天兩天，怎麼連個企劃都做不好？回去重新做一份！」

Anya回去仔細查看了企劃書，果然發現有不少紕漏。於是，加班熬夜，做了大量的工作後將一份新的企劃書放到老總面前。此時的Anya心情十分坦然，她在心底說：「這回肯定會順利通過，沒問題！」果然，老總看過之後喜笑顏開，說：「這才對嘛！這份企劃簡直精采極了。」

心理學家馬爾茲說：「我們的神經系統是很『蠢』的，你用肉眼看到一件喜悅的事，它會做出喜悅的反應；看到憂愁的事，它會做出憂愁的反應。」第二次，Anya透過積極的心理暗示督促自己完成工作，所以取得了十分理想的效果。

聽Anya講完，我再一次查找心理暗示資料，詳細瞭解積極心理暗示的好處：

1. 當你習慣性想像積極的事情時，神經系統就會將你的心態調整至快樂。只要合理運用積極的語言做一些暗示，比如「我很棒」、「生活真美好」等，自己的心態就會積極樂觀，幸福指數也會飆升。

2. 美國心理學家威廉斯說：「無論什麼見解、計劃、目的，只要以強烈的信念和期待多次思考，那它必然置於潛意識中，成為積極行動的源泉。」最好的心理暗示就是反覆、積極的語言和思想。這樣一來，自然接受這種觀點，信心大增。

做一些積極的心理暗示很簡單，站在鏡子前看著自己的眼睛，說一些鼓勵的話就會給自己加油打氣。試著將一些否定或者疑問的語句改成肯定句，就會在潛移默化中改變你對世界、對自己的看法，一點一滴積累積極思考的好習慣。

韜光養晦是為了有所進取

厚積薄發是一種人生態度，也是經典的處事哲學。平日裡韜光養晦，利用一切機會默默蓄積能量，等到機會來臨時表現自我，自然可以讓事情水到渠成，滿載而歸。

有段期間，我瘋狂迷戀上《道德經》，只要一有時間就會走進老子的世界，妄圖從中沾上道家的智慧，學習智者做人做事的方式。

老子有云：「持而盈之，不如其已」，意思就是手裡拿著東西，還想拿更多，一直拿到雙手盈滿，結果，很容易把東西掉在地上，砸壞了，或者潑灑一地，圖省事反而更費事，不如適可而止。老子向來講究自然之理和天道有度，但是理為多少，度為多高呢？用手承接物品，把它裝得太滿自然就會流淌出去，等於什麼也沒裝進去。既然這樣，倒不如只把它裝到滿，這樣你即擁有最多。做人做事的道理同樣如此，平日裡的韜光養晦是在為自己蓄積能量，當有表現自我的時機出現，自然可以厚積薄發，搞定一切人和事。想到這，我立刻掏出手機撥出一串熟悉的號碼，電話那頭是我的老同學張明強。

當年的明強可是大學校園的風雲人物，記憶好、能力強。不僅身任學生會主席，同時還兼職擔當多個社團的社長。他聰明如耀眼的陽光，在所有人的眼中簡直就是不可超越的偶像。

平日，明強為人謙和，對誰都是笑瞇瞇的，儼然一副鄰家哥哥的形象，迷倒的小女生不計其數。但是，有一天卻讓大家見識到明強的另外一面。畢業那年，校園徵才說明會一場接連一場，很多人漫無目的地投出履歷，多數都已石沉大海，明強卻不然。

每場徵才說明會，明強都跑前跑後，幫企業找位子，替企業提供幫助。大家都對明強說：「都快畢業了你也不著急，整天做這些打雜的工作。」明強聽後，只是笑了笑什麼也沒說。

各奔東西那一天，校園裡傳出爆炸性的消息「明強被當地知名大公司破格錄用！」這條新聞猶如投入湖中的石子，頓時平靜的水面泛起層層漣漪。要知道，這家公司招聘條件很高，雖然明強很優秀，但尚未達到這家公司的錄用標準。到底是怎麼回事？原來，明強在徵才說明會義務幫忙的同時，也在為自己找尋最佳機會。他發現這家公司錄用條件很高，但福利待遇相當優厚。在為這家企業服務的時候，他抓住時機表達了自己想應聘的意願，並把自己的能力恰到好處展示出來。於是，他成功了。

和明強天南地北亂聊一通，得知他最近過得如魚得水。掛斷了電話，我對他為人處事方法頓生敬佩，一個人僅憑苦幹的工作能力是不足以搞定人和事的，只有找對方法才可以將事物搞定。而抓住時機表現自己，則代表你已經深入感知為人處世的精髓，可以在現實生活中觸類旁通、舉一反三。這正如老子所宣揚的處世之道，與其單純「盈之」，不如「盈之」與「其已」相互結合。

你還沒偉大到可以傲慢

王陽明曾說：「人生大病，只是一個傲字」，朱舜水也對後人發出過：「滿盈者，不損何為？慎之！慎之！」的警示。由此可見，傲慢是做人做事的大忌。

從上國小開始，長輩就教育我：「不驕方能師人之長，而自成其學。」隨著年齡增長，我愈發覺得謙虛不僅是做人的基本素養，也對處事方面影響頗深。

宋代林逋在《省心錄》中說道：「知不足者好學，恥下問者自滿。一為君子，一為小人，自取如何耳。」而明代方孝孺在著作《侯城雜誡》也對晚輩進行「人之不幸莫過於自足。恒苦不足故足，自以為足故不足」和「虛己者進德之基」的諄諄教誨。

關於謙遜做人這一點，我的好朋友王銘傑就做得很好。

身為某銷售公司企劃總監，憑藉敏銳的市場洞察力和過人的創新能力一路高升，他所做的企劃深受經銷商好評。

雖然如此，銘傑並沒有驕傲自大，而是以一貫的謙遜態度對待工作和同事。

一天，一個新人遞交了一份自己所做的企劃，他自認為做得很出色，便信心滿滿地對銘傑說：「王總，您看我這份企劃，簡直找不出任何差錯。」

銘傑仔細看了看，說：「小夥子，首先我要肯定你的創新精神，企劃書很出色。但是，它並不是沒有任何差錯，你看市場調查這一方面就有明顯漏洞。」他細心指導這位新人。

得知這件事後，有人對銘傑說：「王總，這些小問題你可以讓屬下去解決，不必要親自去做。比如說那個傲慢的小夥子，在他身上花費那麼多的時間和精力簡直不值。」

銘傑聽後，心平氣和地說：「大家都是從新人做起來的，我現在的閱歷和經驗也是一點一點累積而來，並沒有什麼過人之處。如果我的指導能對他的工作引起一些作用，我會很高興。」

銘傑的一番話讓所有人心服口服，深深為他謙遜不傲慢的為人處世態度所折服。

丁尼生說：「真正的謙遜是最崇高的美德，是美德之母。」只有王傑這樣謙遜不自滿的人才能得到他人的尊敬，取得更加輝煌的業績。由此可見，謙遜不但是一種美德，一種修養，且是為人處世的黃金法則。

我的座右銘是：「虛心的人十有九成，自滿的人十有九空」。謙遜是為人處世的經典哲學，唐代詩人杜荀鶴在〈涇溪〉中寫道：「涇溪石險人兢慎，終歲不聞傾覆人。卻是平流無石處，時時聞說有沉淪。」杜荀鶴為後人闡述這樣一個道理：不管什麼時候，身處何地，都要謙遜為人。經驗證明，對待問題，很多人都有先入為主的觀念，在事情的發展過程中就會發現很多估測與自己主觀不符。可是最早的觀念已經根深蒂固，很難聽進去別人的意見和建議，最終結果就是一事無成。所以，虛心學習、謙遜處事是做事做人的根本，因為沒有人偉大到可以傲慢的份上。

山水有相逢，過河別拆橋

一個人步入社會後，就和周邊的人事物發生千絲萬縷的關係。有時候，我們需要求得別人的幫助。有時候，也可以幫助別人。不管是前者還是後者，心中都要懂得：「學會感恩，學會說謝謝，過河別拆橋。」

幾天前，我去一家公司辦事，公司最醒目的位置上寫著「感謝、感激、感恩」的字樣。公司經理看我對這幾個詞很感興趣，就對我說：「每一個人都有幫助別人和需要別人幫助的時候，一家想要發展的企業，一名正在成長的員工都要懂得感恩。」我仔細回味經理所說的話，突然感悟到這家公司的經營理念是如此睿智。因為做人做事的最高境界就是不要斤斤計較，並且要懂得用感恩之心去感謝他人的贈與。只有這樣，公司才能長足發展，個人才能迅速成長。

「難不成這家公司曾經發生過什麼事？」於是我折身回去找經理，想聽聽這六字真言背後的故事。

經理和我關係熟稔，是個善談投緣的人。他把「感謝、感激、感恩」六個字的由來娓娓道來。

雖然現在這家公司規模宏大，曾經卻面臨過巨大困難。金融危機爆發時，公司的基本市場丟失，企業的流動資金匱乏。公司陷入困境之際，很多高層向經理提議削減對加盟商的優惠措施。這一提議讓經理陷入兩難的境地：削減對加盟商的優惠措施，肯定能夠幫助公司聚攏資金。然而，這樣一來，一部分加盟商就會無力抵抗金融風暴，有倒閉危險。經過幾天的深思熟慮，經理毅然決定堅持「無情不商，誠信為本」的經營理念，不會將任何困難轉嫁到加盟商身上。

「要知道，除了顧客，這些加盟商就是我們的衣食父母。公司成立之初，加盟商憑藉對公司的信任，在貨沒有到達之前就將貨款交付給我們，這是多麼大的幫助和恩情啊。現在公司雖然遇到困難，但是挺一挺還可以過去，我們不能做過河拆橋的事去傷害加盟商的心！」經理動情地向提議削減對加盟商的優惠措施的員工說道。

此話傳出後，加盟商十分感動，他們更加努力地支持公司。公司很快贏回市場，不僅度過難關，而且獲得加盟商更大的信任。

「這就是我們的故事，金融危機過後，公司將『感謝、感激、感恩』六個字掛在最醒目的位置。它警示我們，做人做事要懂得感恩。」經理語重心長地說道。

走出公司大門，我的心久久不能平靜。

生活在一個人與人密切聯繫的社會，必須懂得感恩不僅是一種積極樂觀的人生態度，也是發展人際關係的基礎。只有對生活、工作、周圍人懷有感激之情，才會有滿滿的收穫。同時，懂得感謝、知恩圖報是一個人良好道德情操的象徵，也反映一個人的精神文明程度。那些過河就拆橋的人，很難得到別人第二次的真心相助。

有些人總是抱怨很難將事情做成功，與人交往太難。我覺得這些人應該進行深刻反思，看看自己是否能做到「感謝、感激、感恩」。只要做到這一點，那麼山水相逢之時豐富的人脈就會成為寶貴資源，源遠流長。

會琢磨人，不算計人

你我每天都重複著一項古老而又神祕的遊戲，那就是與人打交道、辦事情。說其古老，是因為從古至今沒有任何人能脫離社會而生存；說其神祕，則是因為只有你讀懂了對方，才能事半功倍地搞定事情。

自古以來，聖賢思想精髓的處事方法有無數種，我喜歡在這些書中領悟先輩做人做事的方法，試圖找到一條瞭解他人並且與之相處的捷徑。隨著年齡的增長，書讀的也越來越多，我最終堅信這條捷徑是存在的。

每一天，我都像被一雙無形的手推著前行，不停地結識陌生人，並努力與之成為朋友。為了能夠更快地消除陌生感，增進彼此友情，我喜歡暗暗地琢磨人，試圖透過細枝末節來瞭解對方，讀懂對方。從長期的經驗來看，我覺得這套為人處事方法非常實用。但是請大家注意，我所說的是琢磨人，而不是算計人。下面，我用一個例子來證明「琢磨」和「算計」的本質區別。

小西和小北是一對孿生姐妹，兩個人幾乎長得一模一樣，就連父母都經常將兩個人搞錯。

大學畢業後，小西和小北順利通過一家公司面試，一對姐妹花成為同事。剛入職場，同事們也經常搞錯，不知道她們哪個是小西，哪個是小北。於是，在辦公室裡經常有這種搞笑的場景出現：

一位同事對小西說：「妳不是去送件了嗎？怎麼這麼快就回來了？」

只見小北一頭霧水地站在那：「文件？什麼時候讓我送去了？」

那位同事也一臉詫異，經過解釋又解釋，大家才知道這是因為認錯人發生的笑話。

隨著小西和小北工作時間增長，公司裡出現了兩種畫面，一種是大家都很喜歡小西，小西儼然成為辦公室的「老好人」；另一種則是沒人願意搭理小北，小北成為辦公室的「孤島」。這是怎麼回事呢？

原來，小西喜歡琢磨同事的性格、做事方法和個人喜好，並投其所好和他人打成一片。這樣一來，同事們都很喜歡小西，在工作上也是盡力相助。小北卻自認為自己智商很高，在工作上不免算計他人偷奸耍滑。比如說，某份工作很難完成，小北就想法把這份工作推到其他同事身上。短短幾個月，小北身邊的同事都被她算計過。於是，大家都躲得遠遠的，沒人願意和她繼續合作。

現在，小西和小北依然長得一模一樣，可是大家一眼就能認出來哪個是小西，哪個是小北。

透過小西和小北的故事，不難看出琢磨人是一種處世哲學，也是做人的智慧。算計人則不同，它只能將你推進人際關係的黑洞，讓你無法順利做任何事情。

想要得到圓融、世事洞明的人際智慧，就應該注意以下兩點：

1. 識人是處世的基礎

一個人的外貌特徵、肢體動作以及個人喜好都能透露他的性格、思維模式和行為方法。只有你學會琢磨人，才能夠成為辦事的智者，如同但丁在《神曲》中所說：「一個人在智者面前可要小心呀！他不僅看清了你的外表行為，就是你內在的思想他也能看清楚呢！」

2. 與人交往需要真誠

有一些人喜歡算計他人，用耍小聰明的方式來達到自己的目的，殊不知這是人際關係的大忌。

我看過一本書，書中講述了一位商人成功的故事。這個人叫做拉爾梅特，他在公司的慶功宴上說：「人要樂善好施，學會琢磨人，但不要算計人。因為，朋友是人生最大的財富，是花幾百億也買不來的。」卡爾梅特的朋友很多，在朋友的幫助下她的事業越做越大，最終成為業界的重要人物。

做事之前先要學會做人，而做人的根本就是以誠相待，只有這樣，友誼之樹才會長青，朋友也會在你需要幫助時伸出援手。

有主見才會走向成功

很多時候，他人的態度和議論會對自己的情緒和行為產生影響，難免出現「牆頭草，兩面倒」的局面。然而事實證明，很多成功人士的起步都是從有主見開始的。

同學聚會，多年未見的老同學在一起暢所欲言，不亦樂乎。

這時，有一個同學講了一則小笑話：「有一群青蛙在高樓下玩耍。其中一隻青蛙提議一起爬到塔尖看看。眾青蛙紛紛表示贊同，便一起向上爬。爬著爬著，領頭的青蛙覺得爬到塔尖費時又費力，於是中途折返。其他青蛙看到領頭的青蛙都回來了，就跟著一起回到原點。這時，只見一隻瘦小的青蛙依然在困難地攀爬著，不管底下的青蛙對牠如何嘲笑，都沒有阻止牠前行的腳步。最終，瘦小的青蛙成功了，牠在塔尖上看到了美麗的風景。」

聽完這則故事，我做了一項調查，發現畢業後堅持自己理想的同學為數不多，甚至少得可憐。於是我對老同學說：「其實我們都是那群青蛙中的一員，堅持理想有主見的同學就如同那隻瘦小的青蛙，而絕大多數的人都會被外界因素所擾，中途折返。」

聽我說完，同學們若有所思地點頭。其中一個叫志明的同學對我的觀點表示贊同，並向大家講述了他的故事：

出於對繪畫的喜愛和執著，志明在畢業後去了一家美術學院進修。此時的同學們都已工作、賺錢、結婚、生子，只有他背著破舊的畫架四處寫生去尋找靈感。志明的父母看到兒子的現狀，十分著急，發動身邊的親朋好友勸說，希望兒子可以將繪畫當成業餘愛好，找份工作按部就班地生活。

每每有人勸說志明的時候，他都會誠心地說：「我有我的理想，也有自己想要過的生活。」日復一日，志明堅持下來，現在的他已經是圈內小有名氣的畫家。

志明講完他的故事，我突然覺得一個人的中心思維竟然如此重要。我們經常給自己樹立一個又一個目標，這些目標或大或小。小的目標也許是一件事情的處理，大的目標也許是規劃自己的人生。當認清目標，並決心為之奮鬥時，周邊的人會發表不同的看法和意見。如果被外界的因素左右了自己的行動，就如同活在別人的世界中失去自我，如同一株牆頭草一樣，絲毫沒有自己的觀點、看法和態度。

縱觀古今中外的成功人士，他們大都有這樣的共通性：堅持自我，做事有主見。因為唯唯諾諾、隨波逐流之人終究會被淹沒在茫茫人海中，沒有成功之日。當然，我所說的中心思維與自以為是、剛愎自用是沾不上邊的，那些只能稱之為愚蠢。處理事情的主見，主要是建立在對客觀事物的正確認識和判斷之上的。

嘴上不說，心裡要有數

總有人抱怨做事效率低，但很少有人反省究竟是什麼原因讓事情無法順利發展。追根溯源，阻止成功的因素之一便是沒有思路、沒有計劃，做事過程雜亂無章。

新買了一本書，我很喜歡。書名叫做《向前，向前，向前》，寫的是一對夫妻走遍大江南北的經歷。他們之所以能夠成功，主要靠的是「有計劃」。書中的男主人說：「我們每天晚上都會設計好第二天的行程，並根據地圖制定合理的路線，以便達到事半功倍的效果。」看完這段話，我聯想起自己。每天清晨從睜開眼睛那一刻起，我就不停地做事，有些事情完成了，有些事情卻遇到障礙。如果做事之前做到心中有數，那豈不是「戰無不勝」？

我把這個想法和研究心理學的表姐說了，表姐讚賞道：「你終於領悟為人處世的要領。」隨後，她給我講了這樣一個故事：

表姐的同班同學葉子是一個聰明的女孩，不管做什麼事情，都會提前計劃好，做到胸有成竹。

葉子服務的公司準備召開一年一度的經銷商大會，這可是公司的大型會議，能力出眾的葉子被上司指派為會議籌備負責人。

會議籌備十分繁瑣，時間安排、行程企劃、與會人員的食宿，甚至會場擺放多少桌椅都要葉子親自過手。奇怪的是，瑣碎的工作在葉子指揮下竟然變得井井有條。同事不禁問道：「葉子，難道妳有超能力？怎麼可以將工作做得滴水不漏？」

葉子笑了笑，回答說：「只要提前理清做事思路，然後科學地做好計劃，就沒有什麼難以完成的事了。」

「真的嗎？這些怎麼沒聽妳說過？」同事的腦中充滿了問號。

「有些事情嘴上可以不說，但是心裡卻要有數。」葉子胸有成竹地答。

結果可想而知，有了葉子精心的籌備，會議順利召開。在會議圓滿結束時，上司拍著葉子的肩膀說：「做得不錯，妳是一個值得重用的員工。」不久，她接到調令，晉升成為某地區的經理，成為獨當一面的女強人。

講完葉子的故事，表姐說：「看到了吧，做事前心中有數是多麼重要。」「那妳就繼續教我幾招，讓我也領悟到為人處世的精髓所在。」我有些「得寸進尺」地央求表姐。

在我再三請求下，表姐傳授了幾點做事的祕訣：

1. 給自己決定事情的權利，並有意識地鍛煉獨立做事的能力

例如，有些事看似棘手，但不要退縮，大膽面對，並找到行之有效的處理對策。

2. 從小事開始，設計方法，循序漸進

做事前，心中要有計劃。比如在心中對自己說：「這件事情我打算分成這樣幾個步驟」，然後仔細評估這樣成事的可行性有多大，如果計劃合理，那麼就按照這個辦法將事情解析成幾個小內容一一去做。

3. 持之以恆

制定計劃的方法本身並不複雜，難就難在堅持實施。很多計劃可能需要很長時間才能實現，堅持按照規劃好的路線去走，事情才能取得最後成功。

4. 自我反思，改善做事方式

做事情必然有種種設想，這些打算也要根據客觀因素經常變化。但是，這些改變並不是隨心所欲或放任自流，而是不斷調整和改善。只有提供一個有計劃、有規律的做事方法，才能讓自己胸有成竹的為人處世。

聰明人講究「沉默是金」，有些事情不必誇誇其談、洋洋灑灑講出來，但必須做到胸有成竹，這種處事做人的態度在生活和工作上都能適用。

趣味決定品味

有品味的人應該是這樣的：說話風趣幽默，從不張揚；衣著可能不時尚，但永遠修飾得體；與人相處通達和諧，讓人對他永遠抱持一種可感可想但不可觸的態度。

某天，我的女友被一位多年不見的老友嘲笑了一番，她指著自己身上的「裝備」說：「妳看妳，一點品味都沒有。妳再看看我，衣服是CHANEL的新款，包包是限量版的LV，太陽眼鏡是Dior……」顯然她把自己當成一個奢華品發表會的模特，滔滔不絕地炫耀自己的化妝品和衣著。

女友耐著性子聽完她的話，什麼也沒有說，只是輕輕說了聲「再見」就溜之大吉。我猜測，那位女士肯定認為女友對她「羨慕嫉妒恨」才會這麼快就溜走。其實，女友明白自己是什麼樣的人，這些金錢能夠買來的享受和消費品都不在她品味的範疇之內。那麼，什麼是品味呢？

記得看過梅根・福克斯的訪談錄，她於二〇〇五年初上《FHM》；次年成為性感女人提名；到了二〇〇七年，已成為《Maxim》雜誌全球最熱門的人物榜之一；二〇〇八年當選《FHM》全球最性感女人冠軍。短短幾年內，梅根・福克斯成為深受觀眾喜愛的女演員。面對影迷的熱愛，梅根・福克斯謙虛地說：「影迷喜歡稱我為性感女郎，很多朋友總是效仿我的穿衣、打扮，希望像我一樣成為有品味的女人。說起來很遺憾，在外表上我一直是粗線條對待，根本沒有什麼時間去琢磨穿什麼衣服，戴什麼樣帽子來提高自己的品味。因為我知道品味不是表層物質就能夠彰顯出來的，我的趣味也並不在於此。所以，我奉勸所有想提高品味的男人和女人，品味是內在的素質和修養，它是個人由內到外煥發出的迷人魅力。」

正如梅根・福克斯所說，有的人認為品味就是可以滔滔不絕講述某個國際品牌的衣服，炫耀自己使用的高級護膚品，或是讓頸上的鑽石項鍊閃閃發光……這些真的能稱之為品味嗎？不，這些初級的表象與品味絲毫扯不上邊。作家亦舒在《圓舞》一書中如此概括有品味的人的興趣所在：「真正有品味、有氣質的人，他們從來不炫耀所擁有的一切，不會告訴別人他讀過多少書，去過什麼地方，有多少件衣服，買過多少珠寶，因為他們的興趣愛好並不在於此。」其實，品味是一種個人的出生背景、文化層次、生活素養合為一體的表徵，它是人由內到外產生的韻味。

說了這些，也許有人會問我：「你認為這個不是品味，那個也不是品味，究竟怎樣才能提高品味呢？」好吧，既然有人這樣問，那麼我就鄭重其事地告訴你提高品味的方法：

1. 趣味決定品味

如果你的趣味只停留於外表的美麗，那麼證明你和品味背道而馳。與其浪費時間關注衣著打扮，不如將時間用在研讀書籍，提高內在修養之上。

2. 內涵是品味的內核

紀伯倫曾經說過：「願望是半個生命，淡漠是半個死亡。美好的夢想使心靈充實，使生活多姿多彩……」表象浮華的品味只是半個生命，單純擁有品味就是半個死亡，而內涵和素養就是生活多姿多彩的助推劑、提高品味的源動力。

3. 個人的品味表現在獨立的個性、優雅的舉止和得體的談吐上

這如同那些美麗迷人的瓷器，人為的雕飾只是它吸引眾多目光的一部分，真正散發美麗的是它那濃厚的文化底蘊。

如果你想要提高自身品味，那麼就拋棄初級的外表追求，玩一些難度係數稍高的「趣味遊戲」，讓自己不但擁有超凡脫俗的氣質，而且還擁有一個堅定的內核：素質和涵養。

自身強大了，辦事才會更容易

「緊握夢想的手，大步向前走」，就如歌詞所唱，只有心中有夢，並且具有實現夢想的能力，就能看到明天的幸福光芒。

前幾天，我收到一張印著紅喜字的請帖。我迫不及待地打開一看，原來是兒時玩伴阿成要和心愛的人走進婚姻殿堂了，我衷心地為他高興。

阿成五歲時生了一場大病，病魔奪去他的聽力。從此生活在無聲的世界。慢慢地，阿成變得沉默寡言，最終竟然沉默不語了。當同齡玩伴都在盡情歌唱的時候，小小的他只能站在無聲世界中，眼睜睜看著玩伴歌唱的模樣。

當別的玩伴興高采烈地背起書包走進校園時，阿成和他的父母依然輾轉在各大醫院，希望找到挽救聽力的治療方法。

醫生宣佈結果，阿成的父母嚎啕大哭，因為他已失去聽力，再也找不回來了。

最終，望子成龍的母親將阿成送進學費不菲的私立語言學校，在這裡接受一對一的培訓學習。在與老師互動和特殊交流中，阿成汲取了知識的源泉，他認為在文化的海洋中暢遊是一件無比幸福的事。

私立語言學校的課程只設置到高級中學的水準，通常畢業後，身患殘疾的學生都會被福利企業招聘，走上工作崗位。阿成不甘心學業就此結束，他做出了一個大膽的決定——考大學，繼續深造。

透過刻苦的努力，阿成終於如願地被大學錄取，展現在面前的是另一番天地。

經濟社會中，大家都在從事不同的工作，也在做著不同的事情。如同阿成一樣，只有不斷強大自身實力，心中的目標才會更加容易實現，做事也是如此。社會中的每個人都會尊重強者，只要你的實力足夠強大，別人才會重視你、尊重你，你也才能將事情辦得穩妥，問鼎成功。

第2章

會看人
學點讀心識人術

人在舉手投足之間都會洩露內心的祕密。
一個下意識的舉動，一句不經意的話語，都能反映出情緒起伏的狀態。
因此，掌握一些讀心識人術，才能「讀」懂對方的心思，
並為之做出準確的判斷，使自己成為人際關係的大贏家。

人可以「貌」相

心理學家赫拉別恩曾經提出一個公式：「資訊傳播總效果＝7％的語言＋38％的語調語速＋55％的表情和動作。」可見，如果能注意對方肢體語言和衣著打扮等細節所透露出來的資訊，那麼就可以「以貌取人」。

從早上睜開眼睛開始，每一個都重複上萬遍相同的動作。有些動作出於生存需要，有些動作則是自我潛意識的表現。

好友問我：「人的肢體語言和衣著打扮真的能夠流露出真實的自我嗎？」我想了想，最終給了答案。當好友對答案半信半疑時，我決定用一個真實的例子說服他。

某知名公司招募公關接待人員，這家公司發展餘地大，待遇豐厚，很多應徵者都想成為這家公司的員工。但是，公司對員工的要求十分嚴格，需要從儀態、姿態、性格和心理素質等多方面綜合考察，以便選出最優秀的人才。

透過筆試、初試和複試，最後一關只剩下四位應徵者進行角逐。只見他們一字站開，個個面露微笑，笑容是那樣的自信與從容。過了一會，主考官從門口踱步進來，出乎意料之外的是，他並沒有提出任何問題，而是逐一和四位應徵者握手。

握手之後，主考官決定當眾宣佈被錄用者名單，這時現場一片譁然。「您並沒有提出任何問題，怎麼來判斷誰能夠取勝呢？」一個應徵者問道。

「問得好，現在我就來解釋一下。」主考官微笑著說：「肢體語言和外表是最能體現個人心理活動的信號。一號應徵者，雖然你面露微笑，但是依然為嚴格的考試而感到緊張，因為握手時你的手微微顫抖。二號應徵者，請低頭看一下你的襪子。今天你穿著的是深色西裝，卻配了一雙白色襪子，以小窺大，可見你是一個不注重細節的人。三號應徵者，我走進門時看到你一直在左顧右盼，可見你對這次面試的忠誠度不夠。只有四號應徵者，他衣著得體，落落大方，由此我推測他的心理素質穩重。所以，我現在宣佈錄取者就是四號。」

主考官的話讓大家心服口服，所有人萬萬沒想到，人竟然也可以「貌」相。

透過我講述的這則故事，可以明確知道三點：

1. 一個人向外界傳達資訊時，單純的語言只占很少的比例，絕大多數資訊都是透過非語言的體態傳達的。如果你能細心留意對方的衣著打扮和肢體語言，就不難發現他的內心狀態和真實想法。

2. 肢體語言有時是一個人下意識的舉動，當事人通常處於不自知的狀態。如果與人溝通時注重對方一些無意識小動作，就可以瞭解和認清一個人的真實本質。

3. 衣著打扮代表一個人的品味與修養，風格迥異的穿著和細枝末節的妝扮在不知不覺中透露出這個人的資訊。一個人的穿衣風格與水準是其氣質與品格的另一個訊號，或端莊典雅，或狂熱浮燥都可以從衣著打扮表現出來。

想要真實、透徹地瞭解一個人，觀察肢體語言和衣著打扮是一種捷徑。透過這些不經意間流露出的「密碼」，就可以開啟認人、讀懂人的「鎖頭」。換個角度來講，肢體語言和衣著打扮是不會欺騙人的真實資訊，透過細心觀察此資訊的流露，就可以輕鬆掌握「讀心術」，瞭解和認識對方的本質。

說話聲音反映人的個性

語言是人與人之間相互交流、傳達情感的一種有效方式。在大腦有意識的操縱下，每個人說話的音調、音色大不相同。因此，透過說話聲音，就能準確透視一個人的心理活動和性格特徵。

「人真是一種很有意思的動物。」好友天佑一邊啜飲著咖啡，一邊說。

「為什麼這樣說？」我被天佑的話弄得莫名其妙。

「就拿聲音來說，有的人聲音洪亮，有的人聲音沙啞，有的人聲音尖細，有的人聲音粗重。」天佑說。

「那有什麼關係呢？」

「你有沒有發現，透過說話聲調的差異，就能看出這個人的為人和心理狀態呢？」

天佑這麼一說，我突然覺得這個話題十分有意思，於是繼續交談下去。

「還是讓我給你講個故事吧。」天佑看我興趣來了，興致也跟著高漲起來。

古時候，鄭子產外出巡查，突然聽到路邊傳來婦女悲慟的哭聲。隨從聽到哭聲，有的竟然抹了抹眼淚。

豈料，鄭子產下令他們立刻拘捕哭泣的女人。

隨從不解，但是不敢多言，只得逮捕了她。

這名婦女趴在丈夫的新墳前正在悲傷，沒想到卻被逮捕，於是大罵鄭子產。

鄭子產什麼話也沒說，而是讓隨從收集證據。

最後，證據表明婦女與人通姦，謀害了自己的親夫。

隨從連忙問鄭子產，他如何辨別婦女就是真凶。

鄭子產解釋道：「婦人的哭聲，沒有哀慟之情，反有恐懼之意，故疑其中有詐。」

這個故事讓我想起《逸周書・視聽篇》關於「透過聲音識人」的記載：「心懷誠信的人，說話聲音清脆而且節奏分明，這是坦然的表現；內心卑鄙乖張的人，心懷鬼胎，因此聲音陰陽怪氣，很不順耳；內心不誠實的人，說話支支吾吾，這是心虛的表現；內心寬宏的人，說話聲音溫柔和緩，如細水常流般，舒暢自然。」

而現代心理學表明，不同的語音會給人不同的感受，比如說講話速度較快的人通常活力十足；聲音低沉的人成熟穩重；聲音洪亮的人則為人寬厚、精力充沛、擁有主管才能。

除了這些，不同的語調和聲氣特徵還能反映出一個人的德行和性格：

1. 說話時不斷清理喉嚨的人

有些人在發表意見時喜歡清理喉嚨，並非他的喉嚨需要清嗓，而是他此時的內心有些焦慮和不安。透過清理喉嚨變化語氣和聲調，正是緊張情緒所致。

2. 說話輕聲細語的人

說話聲音較小，且輕聲細語的人性格多為溫順。如果男性說話慢條斯理，證明他忠厚老實，有一定的忍耐力。而這一類型的女性大多數比較溫柔、賢淑，是善解人意的魅力女性。

3. 故意提高聲調的人

音樂家蕭邦曾說：「當一個人想反駁對方意見時，最簡單的方法就是拉高嗓門，提高音調。」正如蕭邦所說，如果有人在談話時故意提高聲調，那他是希望借助高音調來壯大聲勢，試圖占據居高臨下的位置。這類人的性格一般過於自信，呈現自傲之勢。

藉由語言透析人的內心獨白，繼而解析其性格特徵是一件有效的事情。平日只要多觀察，就會發現語音中透露出的祕密。在人際交往中率先瞭解對方，就會牢牢把握住主動權，引導交往走向，最終成為大贏家。

各種小動作的心理暗示

一個人每天都要演繹成千上萬個肢體語言，這些細小的動作往往是他潛意識的真實流露，可以由此洞察對方的內心狀態。稍加留意，不難發現，舉手投足、一笑一顰竟然有如此之多的涵義。

我發現好友陷入愛戀之中，當我揭穿她這個「小祕密」時，她驚訝地問：「不會吧，難道你是新世紀的巫師，或者是會算命的江湖人士，這件事沒人知道啊！」

看著她驚訝的樣子，我也不忍心繼續「戲弄」她，於是說：「傻丫頭，小動作早就把妳出賣了。」

我不是巫師，也不懂什麼算命伎倆，洞穿她的「祕密」全部依靠我的一雙眼睛。好友面對心上人時，總是不自覺躲避眼光交匯的那一瞬間。估計當時她的心頭如同揣了一隻小鹿蹦個不停，雙頰總是浮現羞澀的紅暈。不經意間，她會稍稍低一下頭，隨後含情脈脈地散發出甜甜的微笑。

據報導，社會學家最新研究，不管你是年老還是年少，也不管是女性還是男性，每天所作出的小動作中都會無聲地傳遞出一些內心訊號。有時候，小動作的心理暗示與人的思維模式有異曲同工之妙。只要細心觀察，就能發現對方內心的語言。

說到這，也許還不能讓你信服，那就讓心理諮詢師Abner用實例來說明這一切：

「診療的心理障礙患者中有一些人不願意配合，或是沉默不語，或是歇斯底里表示反抗。遇到這種情況，我從來沒有急躁過，而是耐心觀察他的一舉一動，從中洞察他的心裡想法。」Abner笑著說道：「有些人悶聲坐在一旁，將手指關節掰得啪啪作響。這表明他為人執拗，喜歡鑽進牛角尖，經常會將自己置身於困頓的泥沼之中。還有些人會不停地拍打自己的頭部，透過這個動作，可以知道他在表示懊悔和自我譴責。肢體語言告訴人們，他想從或悲傷或難過的狀態走出來，但始終找不到合理的途徑。這時，我所要做的就是為他找到一個發洩口。」

不經意的小動作可以透露人心底的「祕密」，它如同一個又一個無聲的語言來傳遞內心深處的訊號。為了讓大家能夠擁有一雙「慧眼」識別人的肢體語言，Abner將一些常見的小動作所表達的意思總結出來：

1. 說話時臉上總洋溢著淡淡的微笑

與這種人交往會覺得很輕鬆，因為他們的性格大多很爽朗。在交談時對你微笑，證明他比較欣賞和喜歡你。跟說話時臉上掛有笑容的人共同處事，會有愉悅的感覺，溝通也會收到事半功倍的效果。

2. 腿腳經常性抖動

有些人不管是坐還是站，腿和腳總喜歡抖個不停。這類人明顯的表現出自私的意念，不願意進行換位思考。如果發現對方腿和腳一直在抖動，那麼最好停止與他成為朋友的想法。因為在他抖動的腿腳中已經流露出對你的不屑，跟這類人在一起很難辦成大事。

3. 搖頭晃腦

搖頭晃腦的人通常都很自信，有一種唯我獨尊的強烈心態。不管在何種場合遇到喜歡搖頭晃腦的人，最好對他「敬而遠之」，因為很少有人能和這樣的人成為合作夥伴。

透過心理諮詢師Abner總結出的小動作與內心狀態的關係，不難發現對方內心的真實狀態。這樣，就能在為人處世上做到「知己知彼」，順利搞定人，搞定事。

眼睛最愛做心靈的「叛徒」

「眼睛是靈魂之窗」。也許你有所不知，正因為有這扇「窗戶」，別人才可以聽到你心靈的語言。它如同一個人的心靈天窗，顯現一個人的所思所想。

所羅門王有句名言：「智者的眼睛長在頭上，愚者的眼睛長在背上。」只有洞察力超群的人才能稱之為智者，因為他們能透過事物表象看問題，深入瞭解事物內在結構和本質，並且發現其內在的差異和價值。

我自認為不是愚者，但離智者的差距卻還有段距離。於是，我買了很多關於《識人術》的書籍惡補。看了一段時間後，領悟了透過眼睛看心靈的訣竅。高興之餘，我把這個方法告訴了一個同事，沒過幾天，就收到了他欣喜若狂的回饋。

我的同事名叫王明輝，專門從事業務接待。可以這樣說，在公司裡他接觸的人是最多的。

一天，老總安排他去接待一位來自外地的大客戶，千叮嚀萬囑咐地對他說：「你一定要謹慎對待這位客戶，他可是『財神爺』。」

帶著老總的「密令」去接待客戶，這個時候，我「傳授」他透過眼睛識人的方法便派上用場。明輝與客戶寒暄片刻，這時他發現對方眼睛呈現半開半閉的狀態，就察覺出客戶今天的心情。

他離開接待室，對老總說：「您今天最好不要跟他談生意上的問題，因為客戶的狀態不是很好。」老總對明輝的話半信半疑，看著他胸有成竹的樣子便依照明輝的話去做。

第二天，明輝接待完客戶後神祕兮兮地對老總說：「今天客戶心情非常好，希望您抓住時機將訂單拿下。」

老總的心中滿是疑團，他笑著解釋說：「今天和客戶談話時，發現他眼睛炯炯有神，這說明對方處於興奮狀態。現在和他談合約問題，一定不難。」

果然，經過幾輪談判，生意順利談成。慶功宴上，老總對明輝贊許有加，並準備重用他。

明輝受到嘉獎以後，第一時間向我表達誠摯的謝意，並且準備了一頓美食來犒賞我的胃。

在社交廣泛的今天，學會在短時間內看懂對方心裡在想些什麼，顯得尤其重要。有些人城府較深，心機較重，他們善於隱藏內心祕密，試圖透過這樣來隱藏自我。如果你試著觀察他的眼睛，在某種程度上就會對他有大致的瞭解和認識。

1. 目光忽明忽暗

目光忽明忽暗的人通常善於心計，似睡非睡的雙眼表明他老謀深算。跟這種久經沙場的人處事，要多留心。

2. 眼神飄忽不定

這類人自卑心理較重，缺乏自信心。失去安全感的包裹，他們強烈的自卑心理就會凸現出來。如果你是對方的朋友，應該幫助其樹立起強烈的自信心，順利走上坦途，遠離失敗的荊棘小路。

3. 東張西望

如果你的交談對象一直在東張西望，那麼奉勸你果斷地取消此類話題。因為對方的眼睛已經告訴你：「我對你的話題不感興趣，只是不好意思打斷罷了。」倘若你能察覺並「識趣」地轉換話題，那麼談話氛圍將有所不同。

《孟子・離婁》中說：「存乎人者，莫良於眸子。眸子不能掩其惡。胸中正則眸子了然，胸中不正則眸子眊焉。聽其言也，觀其眸子，人焉廋哉！」在社交場合，應該學會看對方眼睛。這既是一種社交禮儀，也是認識他人、洞察其內心的一種捷徑。如果能掌握這一點，必定會成為擁有超高人氣的「交際王」。

性情出自表情

每個人在每一天的生活中都會見到許多張面孔，不同的面孔給人帶來不一樣的心理感受。如果有意識地觀察面孔，就會發現各種各樣的表情可以流露出人的真性情。

從古至今，觀相術的書籍很多。曾國藩在《冰鑒》中總結出識人方法，如：「目者面之淵，不深則不清。鼻者面之山，不高則不靈。口闊而方祿千種，齒多而圓不家食。眼角入鬢，必掌刑名。頂見於面，終司錢谷：出貴征也。舌脫無官，橘皮不顯。文人有傷左目，鷹鼻動便食人：此賤征也。」他用簡潔的語言將所察之人的面相涵義，淋漓盡致地表達出來。

陳家錫是一個懂得識人的上司，人事部將兩個新到職的職員介紹給他時，他只盯住對方看了幾眼，就對人事部長說：「A可以留下來，看得出他非常適合這個工作。B則不同，建議你們將他其調至行銷部，讓他從事銷售工作。」

陳家錫的一番話聽得人事部長目瞪口呆，連忙問其究竟？

「A眼神平和，眉毛平展，證明她性格沉穩。我們這個單位招聘的是資料輸入人員，只有不急不躁的人才能擔當這一任務。B的眉頭總是隨著左顧右盼的眼神跳動，表情已經透露出她的性格外向，不喜歡按部就班的工作。相反，行銷部的銷售工作更加具有挑戰性，我想她是最適合的人選。」陳家錫說。

人事部長半信半疑地聽從陳家錫的建議，果然不出所料，一個月後，A將資料整理得井井有條，而B在銷售部做得十分起勁，短短的時間內就促成了一筆大訂單。

性情是如何出自表情的呢？

1.「相由心生」具有一定道理。平常所說的相，意指外貌和面相。而心的涵義則可以延伸理解為性情。「相由心生」就是說有怎樣的心境，就有怎樣的面相，人的個性與心思，可以透過面部特徵表現出來。

2. 一般情況下，不同的人在外界條件刺激下，會產生不同的心理反應，激發神經衝動，指揮相關的表情肌牽引臉上的肌肉運動，並維持在某一位置，繼而產生不同的表情。而面貌長期呈現在別人眼中，為他人所熟悉和記憶，人們透過接觸瞭解到其性格特徵，並且在經驗積累的基礎上，得出這種面貌特點與人物性格之間的對等關係，以此作為判斷、分析性格的依據。

3. 談及性情出自表情，就不得不仔細研究什麼是表情。書中傳達的表情定義為：「表情由表情肌肉拉動面部肌肉運動，牽動五官位置改變，並透過肌肉改變骨骼輪廓線而產生。」透過分析表情肌肉的分佈及生理特點，可以瞭解表情是如何塑造出來的。經常性的表情會造就特定的面貌，這種特定的情緒和心理特徵則構成了典型的性情。

如果能學會並掌握一些「觀相術」，自然可以從人的表情中察覺其性格。留心一下身邊的人，一定會有意外發現。

衣著透露性格

眾所皆知，穿衣打扮的功效是遮羞、禦寒。隨著時代進步，衣著又有了新的意義，那就是美化和象徵身分。然而，當人們為了美麗而選擇喜愛的衣服時，衣服又悄悄地將主人的內心世界透露給有心人知道。

最近看了一本書，書名叫做《格調》。書的作者是美國著名文化批評家保羅，他以敏銳的觀察力描述美國各階層的妝扮特點。有趣的是，這些等級和層次的高低竟然與經濟無關。

保羅的觀點引起了我極大的興趣，穿衣打扮是每個人日常的行為之一，然而衣服真能「出賣」人的內心嗎？為了弄清楚這一問題，我決定仔細研究。工作之餘，我請教了服飾顧問安娜，當我把心中的問題說出來，她立刻給予肯定答覆：「一般來說，衣著打扮是性情使然，心中想什麼，自然會穿什麼。也就是說，透過對他人所穿衣服的細心品味，有助於瞭解其個性和品質，更有利於人們順利交往。」

接著，安娜為我講了一個關於衣著與性格的事例：

Lily一直偏好走淑女路線，知性長裙、蕾絲花邊都是她的最愛。而她本人也如同衣著喜好一樣，是個文文靜靜、典雅莊重的女生。

有一天，Lily突然剪掉一頭長髮，衣著也發生了翻天覆地的變化。她發瘋似地丟掉了滿櫥櫃的淑女裝，取而代之的是火辣的短裙和吊帶背心。

Lily的穿著改變讓父母十分心驚，雖然女兒什麼也不說，但是她的穿著已經出賣了她。Lily肯定是受了某種外界刺激，她想逃避現實。

睿智的媽媽並沒有向女兒直接詢問，也沒有干涉她的服裝喜好的改變，而是在生活上更加關心她。直到有一天，Lily撲在媽媽懷裡委屈地哭了起來。原來，Lily的男友以「過於溫和，沒有一點個性」為由和她分手了。

媽媽摟著女兒說：「這一點我和妳爸爸早就猜到了。」

Lily臉上還掛著晶瑩的淚珠，聽到媽媽的話滿臉疑惑：「我並沒有向任何人說過這件事。」媽媽慈祥地拭去女兒的淚水，說道：「傻孩子，當妳扔掉自己最愛衣服時，我們就已察覺到了。我知道不應該干涉妳的穿著自由，但是選擇適合自己性格的妝扮才能將妳襯托得更美。」

媽媽的話音未落，Lily猛地站了起來，說：「您放心，媽媽，我知道該怎麼做了。」

也許有的人會問，Lily的媽媽是怎樣察覺到女兒異樣的心事呢？只不過是更換了幾件衣服而已。心理學家指出，一個人突然改變服裝嗜好，意味著內心受到某種強烈刺激，或是要躲避現實，或是想法發生變化。當外界影響達到一定程度時，就會不自覺地表現在穿衣風格上。Lily的媽媽是個聰明的女人，對於女兒衣著的改變，表現出見怪不怪的態度，沒有讓Lily察覺到媽媽已經洞悉了她的心理。因此，Lily不會因為遭到質疑而心存戒備，而是敞開心扉與父母溝通。

為了能進一步證實內心和衣著是緊密聯繫的，安娜繼續向我介紹了幾點衣著與個性之間的關係：

1. 衣著華麗的人，自我表現慾較強

生活中不乏衣著另類的人，他們有著強烈的自我顯示慾望，喜歡用鮮亮的服裝來吸引眾人的目光。對於這種喜歡出鋒頭的人，只要多讚美來滿足他的表現慾，就能夠融洽地與其相處。

2. 衣著中庸的人，性格也較為中庸

衣著既不張揚又不低調的人，處事風格通常與服飾相符，那就是「中庸」。這些人的理性大於感性，性情決定了他們不會做出使人感到意外的舉動。這類人十分可靠，是值得進一步交往的朋友。

聽完安娜的介紹，我感到十分驚奇，沒想到服裝裡面竟然有如此大的學問。如此看來，如果在生活中觀察得更仔細一些，就可以掌握更多的識人技巧，有助於為人處世。

兩手相握學問多

握手是社交場中最普遍的「見面禮」。從握手的細節中，可以發現一個人的情感和意向。如果掌握這一點，會為社交帶來意想不到的便利。

握手禮儀的起源地來自歐洲，最初的目的很簡單，就是為了讓對方明明白白地看到自己手中並沒有攜帶武器。隨著社交禮儀的發展和豐富，握手逐漸演變成一種友好的表達方式。有心人可以透過握手感覺到對方是真誠還是虛偽，因為不同的握手習慣已經將人的內心想法公佈於眾。

在跟一個經理聊天時，他向我透露一個細節：「有一次，我和一位客戶禮貌性的握手。透過握手，我發現他的手軟弱無力，輕輕一握便鬆開，軟綿綿的握手習慣讓我察覺他是一個沒有誠信的人。所以，每跟他握一次手，對他的信任感就減低一分。」原來握手習慣不良的人，通常無法贏得別人的信任。與之相反，經理的話讓我聯想起玫琳・凱・阿什的成功之路。

玫琳是美國年銷售額超過三億美元的著名企業家，二十年中，她將一個僅有十人的小公司，發展成為大規模的跨國性企業。玫琳在垂暮之年回想起往事時，不由得感慨地說：「成功的開始，全部源於真正懂得握手的那一刻。」

從事化妝品行業，玫琳每天要接觸大量顧客。有一段時間公司效益良好，顧客量明顯增多，她的握手習慣也慢慢出現變化，總是蜻蜓點水般象徵性的一握。可是有一天，玫琳察覺到自己犯了一個十分嚴重的錯誤。

一次，她去參加一位知名銷售師的銷售課程。出於崇拜和尊敬，玫琳排了很長的隊伍期待與之握手。一個多小時過去了，她如願地和銷售大師握了手，但是玫琳發現銷售大師根本沒看她，而是越過她的肩膀去看後面還有多少人，握手自然也是敷衍了事。就在那時，玫琳覺得自己受到很大的羞辱和傷害。

從那以後，玫琳決定從握手習慣開始改變，不管與誰握手，她都面帶笑容，直視對方眼睛，目的就是讓別人感受到真誠。每一個握手的人都被她的真誠感動，他們十分願意與玫琳合作。

美國著名作家海倫•凱勒說：「手雖無言，卻極有表現力。有的人握手能拒人千里，當我握著他們冷嘲熱諷、冰冰的指尖，心中就像有凜冽的北風吹過一樣；也有些人的手讓人感到溫暖，與他們握手，心裡就灑遍陽光。」的確，握手是人際交往中一門精深的學問，良好的握手習慣奠定人際基礎。

那麼，哪些才是正確的握手習慣呢？

1. 對方是長者、上級或女士時，不可以貿然出手。自己先伸手，表示對對方的不尊重。
2. 握手時眼神不可左顧右盼，否則會給對方帶來心不在焉的感覺。另外，不要直盯住對方不放，那是非常失禮的握手習慣。
3. 切記不要用指尖和別人握手，敷衍的握手習慣會讓對方對你產生厭惡感。
4. 如帶有手套，與人握手前一定要記得摘掉。

良好的握手習慣可以影響人際關係，握手的力量、狀態、時間長短都是衡量是否有修養的標準。只有真誠地與人握手，對方才會感覺到誠意。真誠也會隨著握手的力度和熱度傳遞過來，對方自然會對你產生信任和好感。還等什麼？一起試試吧！

從走路姿勢看做人姿態

每一個正常人都會走路，但是每個人走路的姿勢卻不相同。你知道嗎？除了軀體本身的特徵，透過觀察腳步和姿勢等細節，仍可看出一個人的為人之道。

身在職場，我發現一些菁英份子都是善於讀人心的高手。這些人甚至能從上司和同事的腳步聲中聽出對方心情的好壞，還可以透過觀察走路姿勢，判斷這個人是否可信，能否深交？

這些人的識人本領讓我佩服不已，恨不得自己也能擁有如此「神通」能力，以期在為人處世方面增助一臂之力。於是，我決心下功夫「鑽研」。隨著翻閱資料增多，我發現人走路的姿勢竟然如此奇妙，它不但能透露出一個人的行事風格，還能將其做人的姿態顯露無疑。莎士比亞曾在《特爾勒斯和克爾期達》一文中詳細描述了一隻大公雞走路的姿態，文中寫道：「這個高視闊步的運動家，以自己的腳筋而自豪。」捧腹之餘，我不由得想起某些自恃高傲的人，走起路來竟然和大文豪筆下的公雞極為相似。想著想著，竟忍不住笑出聲來。同事詫異地望著我，問我有什麼事情如此高興。當我跟他講述自己的想法時，他也陪我一起笑了起來，並且還講了一個更加有意思的事情。

話說義大利獨裁者墨索里尼走路姿勢十分特別，他喜歡抬起下巴誇張地擺動手臂行走。可是他的腿卻極其不協調，僵僵的，直直的，彷彿承受不住全身的重量。這就導致他的步伐沉重而且緩慢，好像拖著腿在前進。

有一個好事的醫生拍馬屁似地詢問墨索里尼：「先生，您有腿疾嗎？我是一位知名的骨科醫生，可以幫您解除病痛。」

墨索里尼聽到這些話勃然大怒，將好事的醫生趕了出去。原來，墨索里尼並沒有任何腿疾，他之所以要這樣走路是為了加深別人對他的印象。好事醫生本想拍馬屁，沒想到卻拍到馬腿上，只好摸摸鼻子走了。

從此以後，一個新的稱謂出現了，那就是「墨索里尼式走路」。慢慢的，很多人開始用這一稱謂來嘲笑那些自滿甚至傲慢的人。

果然，走路姿勢可以看出做人的姿態。

那麼，與走路姿勢相關的「祕密」還有哪些呢？

1. 走路腳步輕快多為開朗的人

一個人高興時，他的腳步就會十分輕快。如果這個人的走路姿勢一直都很輕鬆，說明這個人心無城府，性格開朗，是一個容易相處的人。

2. 腳步穩健有力多為成熟穩重的人

如果說一個人的腳步沉穩、有力，通常會是個十分成熟的人。這種人不會將喜怒哀樂掛在臉上，最多是放在心裡思考。與這類人成為朋友是一件美好的事情，因為不管是生活或工作，他都能提出合理性的建議幫助你前進。

3. 速度和跨步一致者多有主管才能

不知道你注意到沒有，一般情況下，國家領袖走路的速度和跨步是比較一致的。只有這樣，身後的隨從和屬下才能保持一致的步伐。這種走路姿勢是一種權威的象徵。

觀察一個人怎樣走路，可以從中透視他的內心和性格，實在是一件妙趣橫生的事。如果你和我一樣對走路姿勢感興趣，不妨做個細心的人，仔細觀察旁人，相信會有意想不到的收穫。

語速中潛藏的玄機

語速是不容忽視的說話方式之一。由於人的性格和氣質各異，每個人的語速自有其不同的特徵。

好友小小在聯想公司任職，某日見面我問她：「聽說你們公司創始人是一位運用語速分辨人的高手？」

她聽到我的詢問，點頭說：「當然，他的傳奇故事還不止這些。聽說，在企業生死攸關時刻，他召開了一次董事會，會議上，他發現一位屬下說話吞吞吐吐，就在散會後，對此人展開深入的調查。果然，他發現這個人有問題，便對症下藥採取措施，最終遏制了企業的一次重大變故。」

聽她說完，我不禁吐了吐舌頭。原來仔細觀察他人的言談舉止，竟然能夠及時發現問題，及時解決。於是，我決定做個「有心人」，開始處處留意別人語速中暗藏的玄機。

同事阿傑是個口才佳，而且風趣幽默的人，大家都喜歡和他在一起，還親切地稱他為「開心果」。但是最近幾天，「開心果」有些反常，說話時快時慢，語速根本控制不住。

我留意到阿傑語速變化的小細節，便問他是不是遇到什麼難事。

阿傑驚訝地看著我，反問道：「你怎麼知道的？」

我說：「快別隱瞞了，你的語速已經『出賣』了你的內心。」

看我已經識破他，阿傑便將煩心事娓娓道來。

原來，阿傑熱戀的女友因為一件小事誤會了他，而且不給阿傑解釋的機會。這讓阿傑又急又惱，感情生活不如意，甚至影響到工作。

聽完阿傑的訴說，我這個「好事者」決定挺身而出，幫助阿傑解決這一難題。我約阿傑女友出來喝咖啡，使出渾身解數解釋這場誤會。最終，女友決定原諒阿傑。

出於感謝，阿傑送給我一瓶紅酒，並故作神祕地說：「看來我也要學習讀心識人術了，透過語速發現問題，簡直太神奇了。」

為了證明阿傑的禮物送得有價值，我又現學現賣地額外贈送了他幾額用語速快慢識人、觀人的方法。

1. 語速較快的人

語速較快的人活力四射，給人朝氣蓬勃的感覺。這類人多數性格外向，十分喜歡和他人結交朋友。

如果說話語速突然變快，從心理學角度分析，一個人內心緊張或者不安時，言談語速就會變得很快。因為，他需要用快速說話的方式來排解恐懼感。仔細觀察，不難窺知其內心情緒的狀態變化。

2. 語速較慢的人

說話緩慢的人，給人一種誠實的感覺。一般來說，這種人成熟且穩重，因為他所說的話都是經過深思熟慮。

如果交談時語速突然變慢，可能是有些事讓談話者猶豫不決。透過放慢語速，大腦用幾秒鐘的時間思考。如果發現交談時對方語速突然變慢，這就表明他在思考事情的進展及方向，應該提高警覺。

可以這樣說，語速是一個人表達性格的方式之一。另外，透過語速的變化也能察覺出對方內心的微妙改變，做到「心中有數」地去交往、溝通。

怎麼想就會怎麼「坐」

生活中處處都有坐的地方，也隨處可見坐姿各異的人。心理學家研究發現，透過一個人的坐姿，可以瞭解到其性格和心理特點。

開會時，我環顧會場，只見經理正襟危坐、目不斜視，給人一種威嚴、嚴謹，力求完美的印象。而另一個部門經理則側坐在椅子上，給人心態放鬆的感覺。縱觀五花八門的坐姿，我發現裡面竟然蘊藏著重要的人性資訊。

散會後，我迫不及待地將這一發現告訴同事阿剛，沒想到他竟白了我一眼，說：「你才知道啊。」

受到同事的「嘲笑」後，我決定抓緊時間惡補一番，最終有了一些發現：

1. 一隻腳別在另一條腿的後面

這是難度較高的坐姿之一，通常出現在初涉社會，沒有自信的人身上，他們所表達出來的心態是膽怯、羞澀和缺乏信心。

2. 身體蜷縮成一團，雙手夾在大腿中間

這種坐姿顯然是下級犯了錯誤聆聽訓斥時的姿勢，透過這樣一種畢恭畢敬的姿勢表明自己已然認識到錯誤，並以謙遜的態度繼續學習、改善自我。

3. 身體前傾，直視對方

這種坐姿表明對方態度誠懇，十分尊重與之交談的人。透過這種姿勢傳遞的訊號，不難得知對方在乎對人的尊重和信任。

4. 蹺著二郎腿坐著，無論哪條腿放在上面，都很自然

說明這個人比較自信，懂得如何生活，周圍的人際關係也較為融洽。如果蹺起二郎腿坐著，一條腿勾著另一條腿，正說明這個人為人謹慎、矜持，沒有足夠自信，做事甚至經常猶豫不決。

5. 腳尖併攏，腳跟分開地坐著

說明此人做事易猶豫不決，習慣獨處，交際僅侷限在自己感覺親近者的範圍內。不過，這樣的人很有洞察力，能以最快速度對他人的性格做出準確的分析和判斷。

6. 把雙腳伸向前，腳踝部交叉

說明此人喜歡發號司令，天生有嫉妒心理。研究表明，這還是一種控制感情、控制緊張情緒和恐懼心理，很有防禦意識的一種典型坐姿。

7. 敞開手腳而坐的人

暗示這個主管者的氣質或支配性的性格，可能是性格外向，有時過於自大。女性若採行這種坐姿，則表明她們缺乏豐富的生活經驗，所以經常表現得自以為是。

禮貌過頭意味著什麼？

禮貌是為人處世的基本要求，但是禮貌過頭，就會產生適得其反的效果。不但讓人厭煩，而且還會讓人以為你是在拒絕他呢！

多年不見的老同學要我幫他忙，這個忙可不是小事，它涉及到原則性問題。該如何拒絕他呢？我陷入苦悶中。最終，想出了一個好的解決辦法。對老同學的到訪，我表現得異常彬彬有禮，用過分的禮貌暗示他我是在拒他於千里之外。後來，這位老同學十分知趣，再也不提幫忙的事了。

人際交往中同樣具有這種道理，如果哪天有人對你過分客氣，那就表明對方在拒絕你。反之，如果能掌握好禮數，既可體現出個人修養，又有助於人際關係的維護。

曉峰調至總公司，這一切多虧總經理暗中相助。為了表示對總經理的感謝，每次交談，曉峰都會畢恭畢敬。

一次，曉峰為了表示自己的感激之情，接連用了「謝謝您」、「太感謝您了」、「您對我實在太好了」等多個表達謝意的句子。

可是，曉峰的禮貌並沒有讓總經理感到舒服；一天，曉峰下樓時明明看到總經理也要下樓，但他一看見曉峰，立刻縮回腳轉身走回辦公室。為此，曉峰很難過。為什麼百般感激總經理，他反而要閃避呢？

實際上，適度的禮貌可以讓雙方交往輕鬆自在，而過分的客套則會讓對方感到虛偽。當曉峰懂得這一原則後，面對總經理表現出不卑不亢，落落大方的交往姿態，不久就和總經理的關係更接近了一層。

其實，任何事都存在正反兩方面，禮貌也不例外。那麼，如何把握禮貌的分寸和尺度呢？

1. 講禮貌是交往的前提，只有懂得禮貌的人才容易被他人接受。反之，一個不懂禮儀，滿嘴汙言穢語的人，大家都會躲得遠遠的。

2. 禮貌細節要根據當時的環境和氣氛而定。如果當時的氣氛需要你表現良好的教養，尊重對方，那麼你就應該表現得彬彬有禮；如果當時對方正興致盎然，需要你湊趣時，不妨打消呆板的禮節，盡情參與其間。

3. 過分的禮貌等於給人無形的拒絕。不要重複使用「謝謝」、「太感謝了」這種表達同類意思的禮貌用語，以免給人帶來拒之千里的感受。

總之，高明的禮貌方法應該是：既讓對方感覺你有教養、講禮貌，而又不會因此而阻礙彼此關係的融洽。

尖酸刻薄一族的內心世界

生活中，經常會遇到這樣一種人：外表斯斯文文，但是滿嘴尖酸刻薄的話語。想過沒有，在這樣的話語背後，這些人又在想些什麼呢？

朋友阿洋哀聲歎氣地對我說：「最近倒楣透了，真不知道小芸是怎麼想的。那麼文靜的女孩，竟然如此尖酸刻薄。」

聽到陳洋的抱怨，我的好奇心理立刻被勾了出來，連忙問發生了什麼事。

阿洋和小芸是同事，二人交情向來很好。可是不知道為什麼，最近小芸總是在找陳洋的麻煩，近日發生的一件小事竟然成為兩人矛盾的導火線。

事情的經過是這樣的：午休時間到了，阿洋和部門幾個同事湊在一起研究服裝的最新流行款式，小芸看見這幾個人有說有笑，並不時指指點點，就怒氣沖沖走到阿洋面前，劈頭就是一頓數落：「你以為世界上只有你懂得如何穿衣打扮嗎？自己也不照照鏡子看看，你整個就是一個沒品味、沒趣味的人。」

小芸的一番話讓阿洋頓時傻了，他萬萬沒有想到，外表溫順的小芸竟然會口出如此刻薄的話語。

阿洋對我說，聽完小芸的話，他的心裡彷彿堵了一塊大石頭。

「她究竟在想什麼？為什麼要這樣說我。」阿洋對我說的時候，眉頭緊鎖。

生活和職場中總有說話尖酸刻薄的人存在，不管誰得罪誰，一方都會鼓起如簧之舌，喋喋不休地用惡毒語言攻擊另一方，使得對方狼狽不堪，自尊心受傷。那麼，這些人心裡到底在想些什麼呢？

一般情況下，尖酸刻薄的人通常分為兩類：低級型和高級型。

所謂低級型，就是社會中類似歇斯底里「罵街」的方式。通常有三種共通性：

1. 言語粗俗。

2. 一招制敵。

3. 無休無止。

這種類型的尖酸刻薄的人，文化素質比較低，缺乏涵養，不注重個人品質的改善，熱中八卦。如果有人招惹他，他的嘴可就不饒人了。當用尖酸的言語「損」別人時，他們內心獨白通常是：「我誰都不怕，不要惹我。」從這段獨白中不難看出，這些人通常較為自卑，採取惡劣言語攻擊別人不過只是想以此「捍衛」脆弱的內心。

高級型的尖酸刻薄是指知識層次到了一定程度的人所用的方法，這種人喜歡算計別人，雖受過高等教育，但是缺乏教養。

與低級型的尖酸刻薄相較，高級型的人顯露出唯我獨尊的姿態。表面上看似對別人的言語攻擊，其本意是在向對方彰顯自己的優勢或權威。

這些人的尖酸刻薄表露在說話的態度和方式，趾高氣昂的樣子實際上是在向對方叫囂：「你竟然敢跟我比。」在這些人的潛意識裡，自己是最強大、最優秀的人，如果在這一方面受到他人的挑釁，則會表現出極端的刻薄方式迎擊。

以上就是尖酸刻薄之人的內心互動，當清晰知道對方在想什麼時，就能輕鬆自如地應對。

吹噓背後的真相

生活中常會接觸到這種喜歡吹噓的人，這些人慣用說大話的方式來強化別人對他的賞識。殊不知，這種方式既無法引起正面作用，反而將自己焦慮的情緒表露無遺。

「想當初，我是公司裡的IT高手」、「沒有我辦不成的事情」，同事阿楠喜歡自吹自擂；開始時，在公司尚且能贏得很多讚許的目光，但隨著彼此瞭解更深入，大家都對這些大話嗤之以鼻，認為他「生怕別人不知道」。當眾人對阿楠的作法不屑一顧時，我卻從中看出端倪，他這行為的背後隱藏著焦慮的內心。

眾所皆知，焦慮是負面情緒之一。現實生活中，由於職場競爭激烈、生活壓力大，很多人的內心籠罩著沉重的陰影。這是現代人的通病，雖然不屬於生理性疾病的範疇，但是心理過度壓抑，時常克制自己卻又沒有良好的疏通管道，讓性格中內斂的因素急遽成疾，開始對四周的人事物變得焦躁不安，並給心靈套上沉重的枷鎖。有時，這些人想努力打開枷鎖，卻苦於找不到有效途徑，最終走上一條錯誤的宣洩道路——自吹自擂。

為了加快資金流動，公司決定分配給每名員工一批滯銷貨，讓其代售。

得知這個消息時，安潤內心十分忐忑，根據他目前的情形，根本沒有銷售管道。雖然心裡這樣想，可是嘴上卻說：「就這點貨，小意思。」同事聽了，紛紛將目光投向他，有個同事討好似地說：「沒想到你真能找到銷路，如果這樣，能不能幫我賣一些。」

安潤拍了拍胸脯，說：「包在我身上。」自己的那份滯銷貨都還沒著落，安潤又攬了好幾份。

回到家，安潤夜不能寐，輾轉反側地想：「該怎麼辦啊？本來自己心裡就沒底，這下可好，又攬來這麼多貨。」

最後，安潤無奈地自掏腰包將滯銷貨都買了回去。回到公司，他依然高聲說：「你看我說的沒錯吧，都賣出去了。」

英國有一個心理學家叫愛森科，他在人格理論方面主張人格維度，「維度的極端是外在表象，另一個極端是真實表露，所以在維度之間有許多等次。」他認為，極端外在表象和極端真實表露的人是少數，大多數人是綜合性的。愛森科的人格維度理論的產生，對心理學界的影響很大，所以業界普遍認為外在和內在性格是可以在維度上移動的。正如故事中的安潤，由於他內心焦慮，最後將自吹自擂的外在表現顯露出來。

當得知這些，就會明白那些自吹自擂人的真實意願，且更加清晰瞭解對方的為人，甚至懂得該如何與之交往。

從打招呼來判斷一個人

不要小看「打招呼」，它是聯絡感情的有效途徑、溝通心靈的廣闊平台、增進友誼的溫馨紐帶。

我們每天都會和各色各樣的人打招呼，或是朋友，或是同事。開始時，打招呼的範圍只限於熟人之間，隨著人際交往密切，和陌生人打招呼也屢見不鮮。起初，打招呼的目的不過是生活禮儀的形式。慢慢地，招呼被賜予新鮮的意義，那就是表達想與對方進一步交往的請求。

恬恬是人見人愛的女孩子，與她接觸過的人都會誇讚她。難道她有什麼足以使人佩服的祕笈嗎？恬恬搖頭，告訴大家說：「與人交往沒有什麼祕笈，主要是注重細節。拿打招呼來說，你每天都微笑和別人打招呼，別人的心情自然會受到感染，覺得神清氣爽。」

恬恬簡短的幾句話點醒了夢中人。如果想和其他人建立友情，絕對不能輕忽打招呼。只有親切、友好的招呼，才能將個人內在品質和修養體現出來。

正是因為這些，透過觀察別人打招呼的方式，就能看透這個人的性格特徵，洞察其內心世界。

1. 打招呼時，眼睛直視對方

用這種方式打招呼的人都有強烈的自我意識，不喜歡換個角度想，希望自己永遠占據主動位置。習慣從自我角度看問題，交談中常表現出試探性，彷彿一隻充滿攻擊性的野獸，生怕別人搶占自己的地盤。透過打招呼時咄咄逼人的目光，不難窺探其防備心理。

遇到這種人，可以用柔和的目光和輕鬆的談吐來化解對方的攻勢。「百煉鋼鐵化為繞指柔」，既然你的個性硬，我就採取以柔克剛的戰術。切記，遇到直視的目光，不要與他針鋒相對，否則只會讓氣氛變得更加緊張，增加雙方敵意。

2. 打招呼時，眼神左顧右盼

上面提到眼神直視的人是想占據交往中的優勢，而眼神左顧右盼者往往會落荒而逃。為什麼要這樣說呢？不敢直視對方的眼睛，眼神迷離的人內心充滿恐懼，不自信的他會在打招呼時逃避與人的接觸。

用這種方式打招呼的人，為人處世通常沒有自信，內心焦慮、恐懼，將自己放置在不平等交往的位置上。

3. 打招呼時，過分親熱

有些人見了面，非要誇張式的握手甚至擁抱，遇到這種情形通常有兩個情況：一是對方與你非常熟悉，雙方之間沒任何隔閡，不分彼此；另一是你遇到強勁對手，對方需要用過分招呼的行為來較量內力，想給對方來個下馬威。

綜上所述，雖然打招呼是件簡單的行為，卻能以小窺大，透過不同的招呼行為，不但可以表示出尊重、友好之意，而且能加深彼此感情，有助於進一步交往。

為什麼要唱反調？

從心理學角度來講，愛唱反調通常是自卑心理作祟。自卑者用唱反調的方式來做心理防範，當自己在某方面比較弱勢時，就會故意貶低事情的正面價值。

一直以來，我都認為愛唱反調的人很脆弱，由於自卑心理作遂，缺乏自我價值感，為了體現自身價值，保護受傷的自尊心，這些人試圖建立一種自我評價標準，以自欺欺人的方式來占據某種心理優勢。

張女士最近很煩悶，她的女兒這次段考的班級排名下滑不少，成績浮動得十分厲害。這時，她聽到好朋友的兒子考取年級排名第一，心裡很不是滋味。於是，逢人便說：「成績好有什麼用？看某某兒子，像個書呆子。」

其實，張女士的內心十分自卑，認為女兒學習成績差，就是低別人一等。由於這種心理作遂，張女士才有了以上的反調言論。

生活中，經常遭受外界刺激，難免會感覺自己不如他人，於是開始不信任自己，認為自己不能擔當重任。深受自卑心理折磨的人，在生活和工作中找尋不到樂趣，甘願身居自認為的「劣勢」地位，不積極爭取，導致不思進取甚至停滯不前。當自卑者用唱反調的方式來表達內心感受時，正是性格缺陷的表露，往往表現為對他人的能力、品行評價過低，同時包含一些不利的情緒，例如煩躁、抑鬱等。

心理學家馬斯寇里把唱反調稱為「反對依賴」，他認為這是從內心依賴轉向獨立的階段，在還沒有擺脫外界因素和客觀條件的束縛前，自卑者用反抗的態度和方式來宣洩內心的感受。那麼，該如何擺脫自卑心理，不再繼續唱反調呢？

1. 擺脫自卑心理的方式：

(1) 自卑心理是一種性格障礙，會阻礙個人發展，成為前行道路的絆腳石。如果想長久發展，首要任務是搬走腳下這塊石頭，邁大步前行。

（2）除了自身的努力，朋友和同事也是擊破自卑心理的強大力量。有了他人的關懷，自卑障礙的人可以在集體環境中得到鍛鍊和陶冶，進一步克服自卑心理，提高人際交往能力。

（3）自卑能摧毀一個人，讓他自甘墮落，也能使一個人奮發圖強，在自卑中找尋可以利用的特長來彌補自己的弱點。有自卑心態的人應該採用科學、正確的方式去改變心理，有效脫離完全自卑的狀態，並改善心境。對於這些人來說，透過自卑尋求正確補償途徑，以期彌補自己的不足，才能真正使自卑成為人格發展的動力。

2. 改善唱反調習慣的方法：

（1）肯定自我。和別人唱反調，是缺乏自我肯定的方式。通常，這樣的人無法忍受別人強過自己，然後與之「針鋒相對」。這些人以為這樣便能顯示自己的競爭力量，殊不知這是一種惡性循環。

（2）將自己的不滿表達出來。唱反調實際上是反駁和對抗態度的隱形表達方式。如果心中存有不滿情緒，不如面對面直接表達；坦誠的表達不但不會引起他人反感，反而會得到對方的幫助和扶持。

口頭禪的「潛台詞」

「口頭禪」原是佛教禪宗用語，本意指未經心靈證悟就把一些現成的經言和公案掛在嘴邊，裝作得道的樣子。後來，口頭禪有了新的涵義，指個人的習慣用語。透過未經大腦脫口而出的口頭禪，將能發現深藏其後的意味。

一位知名的人類行為學家說：「人類有兩種表情，一種是臉上所呈現的表情，另一種是說話時傳達給對方資訊的表情。」由此可見，人類的第二表情非語言莫屬。口頭禪是一個人使用頻率較高的辭彙，它具有某種心理投射功能，在一定程度上折射出說話者的內心世界。

好友奧拉的口頭禪是：「好的」。主管分配給她任務時，她愛說：「好的」；同事請她幫忙，她會說：「好的」……在奧拉的心中，從來沒有想過拒絕別人，哪怕是自己不願意做的事情。她認為拒絕是一件傷害他人的行為，不管感覺好不好，她都會應承下來。為此，奧拉總在生自己的氣，日子過得很苦惱。

當我透過「好的」這句口頭禪指出奧拉心裡的想法時，她對我的感激之情溢於言表。為了讓奧拉不給自己帶來額外麻煩，我勸她多學習委婉拒絕人的方式，以幫助自己。

其實，說話時屢屢出現口頭禪不妨礙語句表達，但是它們為何會不經大腦防範脫口而出呢？原來，口頭禪之所以存在，是因為對事情的主觀意識已經悄然植入心靈，並且折射出來。一般來說，口頭禪帶有濃厚的個人色彩，這種使用率極高的語言模式暴露了個人為人處世的價值觀。如果稍加留意，不難發現口頭禪與心理活動的聯繫，並從中捕捉到對方心靈發出的訊號，進入他隱密的內心世界，互有關聯。

口頭禪1：為什麼？

不管什麼事情，奇奇的口頭禪都會是「為什麼？」

主管宣佈給每名員工多發一個月薪水，以示獎勵，奇奇脫口而出「為什麼？」一位同事學奇奇的聲音說：「為什麼？」哄堂大笑後，奇奇羞紅了臉。

潛台詞：重複使用這句口頭禪的人，心理台詞通常是「解釋清楚」，或是出於對自己沒有自信，或是出於強迫自己搞清楚事情，他們需要用「為什麼」這種潛意識的語言來表示內心的疑惑。

性格特徵：這類人性格敏感多疑，甚至有幾分神經質。

如何改進：提醒他對於某些事沒有必要追根溯源，偶爾的糊塗正代表著睿智，大智若愚就是這個道理。

口頭禪2：行不通。

部門成員圍坐一圈正在討論某個創意時，李明俊的一句「行不通」，如同一盆冷水澆在每個人心上，激情瞬間被湮滅。

李明俊意識到自己的口頭禪打擊了大家的興趣後，連忙道歉，並表明這是自己的口頭禪。誰知，越描越黑，因為大家都知道口頭禪正代表著內心的潛台詞。

潛台詞：把「行不通」掛在嘴邊，表明自己懷疑一切。因為不確信結果，所以就懷疑一切，這不是防微杜漸，而是為沒有自信和不敢承擔結果找託辭。

性格特徵：這類人是典型的完美主義者，他們容不得半點差錯。可是，他們顧慮更多的反而是自己的感受，很難設身處地為他人著想，往往把意外因素主觀地歸結到他人身上。

如何改進：世上沒有十全十美的事，多疑、苛刻的完美主義者會隨事情的發展察覺出更多的不如意。這時，試著放輕鬆，心理狀態就會大為改善，神情自然也就沒有想像中那麼糟糕了。

日常交往中，還有一些口頭禪需要瞭解：

1.「說真的，不騙你」

這種人有一種擔心對方誤解自己的心理，性格有些急躁，內心常有不平。

2.「應該，必須」

這類人自信心極強，顯現理智，為人冷靜，自認為能將對方說服，令對方相信。另一方面，「應該」說得過多時，反映了有「動搖」心理，長期擔任主管職務的人，易有此類口頭禪。

3.「聽說，據說」

之所以用此類口頭語，是給自己留有餘地的心理形成的。這種人的見識雖廣，決斷力卻不夠。很多處世圓滑的人，易用此類口頭禪。

4.「可能是吧，大概是吧」

說這種口頭禪的人，自我防衛本能甚強，在處事待人方面冷靜。同時，也有以退為進的意味。事情一旦明朗，他們會說，「我早估計到這一點」。

5.「但是，不過」

這類人有些任性，因此，總愛提出「但是」來為自己辯解。另一方面也反映了溫和的特點，因為它的委婉意味，不致令人有冷落感。

第3章

廣交人

人脈廣，錢脈才會廣

「人脈」是一種資源，在某種程度上是用之不絕的。
人際關係其實就是積攢對自己有利的人脈資源。
如果不甘於平庸，就必須不斷拓展交往圈子，廣交人脈。
當人脈寬廣了，錢脈自然也會隨之水漲船高。

商場是人場，人脈是錢脈

希歐多爾‧羅斯福曾說：「成功的第一要素是懂得如何做好人際關係。」有人統計：一個人事業的成功，80％歸因於人際關係，20％來自於自己的能力。

初入職場時，我自認為只要努力工作就可以出人頭地。我常對自己說：「努力工作，就是金子發光時。只要老闆知道我在辛勤工作，自然會給我加薪升職。」就這樣，大多數日子我都埋頭做事，將自己掩埋在一堆又一堆的工作中。

事態的發展和我想像的並不一樣，雖然老闆給我升職加薪，但是與其他人相比，仍是差了一大截。於是，我開始反思究竟是哪裡出了問題。直到有一天，我聽到「商場是人場，人脈是錢脈」這句話，才醍醐灌頂，醒悟過來。終於明白了同事文森成功地完成一疊又一疊訂單的真相。

業績與個人薪資互為正比，文森每個月的業績在公司都居首位，自然會得到大筆大筆的獎金。當時我很傻，常在想：「文森的工作能力真強，我要向他學習。」事實上，文森的工作能力與我不相上下，但是他非常注重人脈關係。

年末，公司照例舉辦聚餐。餐會上，公司高層和員工歡聚一堂，除此以外，還會請來不少客戶。每次的年末聚餐都是文森最忙碌的時刻，他和客戶寒暄聊天，正因為文森的熱情，很多客人和他成為朋友，文森的人際圈在無形中越擴越大。

就這樣，文森注重一切構建關係網的機會，他認識的朋友逐漸增多。慢慢地，很多朋友成為文森的客戶，文森的訂單越簽越多。

有一家大型人才網站，曾經對人脈關係做過系統的調查，調查顯示良好的人脈關係對職場生涯有著極大的幫助和影響。根據資料分析，能夠主動建立人脈關係的占48.36%，透過朋友介紹，間接增長人脈關係的人群為34.22%，只有9.82%的少數人群十分被動，他們總是期望別人自己找上門。另外，分析結果表明，在外資企業工作的員工主動結交朋友的意識十分強烈，大約占總體數量的50.8%；國企工作的員工讓朋友介紹占40.49%，自己主動認識占43.67%，其結果十分接近。文森之所以能成為公司裡的佼佼者，就是因為他不僅擁有工作能力，還知道要多認識人，拓展人脈關係。弄明白了工作不能只是一味苦幹，我誠懇地去請教他，如何才能拓展自己的人脈，爽朗的文森告訴了我幾點聚合人際關係的技巧：

1. 結交朋友之前一定要明白：為自己構建一張人際關係網。這張關係網裡的人要有能力、影響力，當他們察覺你的優點和不足時，就會給你提供事業上的建議，使你長期保持敏銳性。

2. 想要認識更多的人，除了擴張交際範圍外，還要調整自己的溝通風格和管道。在交往中一定要懂得如何向對方表達好感，這是一個十分重要的步驟。只有透過良好的表達，才有可能與最具影響力的人建立聯繫，給對方留下深刻的印象。

3. 人脈的積累是長年累月的工作，應該讓廣結人脈成為每日生活的習慣。不管是單一人脈也好，由人脈伸展出去的人脈也罷，都需要付出長期的關心與呵護。唯有這樣，才能在不經意間一點一滴建立起屬於自己的人脈網路。

4. 朋友之間的關係同樣需要維護和經營，平時要多跟朋友聯繫，並適時適地拜訪，以培養感情。友誼的培養需要累積，這樣的人脈關係就能保持穩固的狀態。

文森提供的建議讓我受益匪淺，我試著按照他所傳授的方法去做，果然取得了不同凡響的效果。那一年，我的業績直線上升，還在同年被公司評為「優秀員工」。如果你也想儘快取得成功，那麼就先營造好自己的人脈關係，要知道人脈就是隱含的錢脈。

熟練掌握六度空間法則

經濟迅速發展的今日，人脈關係已經完全融入社會，不相關的人可以透過六度空間法則聯繫在一起，成為人際交往的普遍定律。

美國心理學家米爾葛蘭，在二十世紀六〇年代末提出了六度空間法則，此原則表述為：「在這個社會裡，任何兩個人之間建立起來的聯繫最多需要六個人，無論這兩個人是否認識，無論他們生活得多麼遙遠，他們之間只有六度空間。」說到這裡，你也許會感到詫異，六個人就能夠促使陌生之人建立起聯繫嗎？姑且不去討論米爾葛蘭提出六度空間法則能否成立，但是有一點不得不相信，資訊化的今天，人與人交流更為便捷，地球村已然成立，不管熟識還是陌生人的聯繫將會更為密切。

以我為例，身在台灣，卻和太平洋彼岸未曾謀面的網友互稱為知己。看來，地球村的時代果真來臨。遍及全世界的通訊網絡可以讓你我之間的溝通暢通無阻，使相隔的距離為零。

如今的時代，人脈關係變得尤其重要。透過六度空間法則，可以認識任何一個想結識成為朋友的人。千萬不要將自己封閉起來，不要錯過任何一個交朋友的機會。只有這樣，以你為中心的關係網才會越牢固。

王子瑢是一個聰明的女孩，她善於利用六度空間法則拓展自己的人際關係。開朗隨和的她不但喜歡結交朋友，而且更樂於透過身邊朋友去認識更多人。

每到週末，公司都會舉辦歌唱活動。王子瑢雖然人長得很漂亮，卻沒一點音樂天賦。可是她每週必到，為別人端茶倒水忙得不亦樂乎。

有的同事見狀，問道：「妳不是對歌唱不感興趣嗎？怎麼會來這裡為別人服務啊？」

王子瑢爽朗地笑著說：「我是不喜歡唱歌，可是其他部門的同事和很多客戶都會來參加啊。我在這幫忙，就能認識到更多的人，既維護了老朋友之間的友情，又能透過朋友結識朋友，這是多麼難得的機會啊！」就這樣，王子瑢總愛適時為前來

K歌的人遞上飲料和擦汗紙巾。更別說，她還真認識了很多新朋友。藉由這個平台，王子璿不但和公司其他部門的同事混熟，還透過同事認識了很多陌生面孔。當然，大家對這個愛說、愛笑，樂於助人的女孩子印象深刻。

金融危機來襲，王子璿服務的公司開始大規模裁員。很多員工都在為自己的未來擔憂，感到一籌莫展。只有王子璿例外，她並沒考慮自己若被裁掉要怎麼辦，反而在一個又一個的邀請函中進行決策。原來，這些朋友得知她服務的公司要裁員，紛紛邀請王子璿轉往他們公司任職。就這樣，王子璿經過深思熟慮，選擇了一家發展空間更大的企業工作。結果可想而知，善於累積人脈的王子璿在新公司同樣做得如魚得水，深受主管和同事好評。

充分利用六度空間法則，就會讓很多陌生人透過特定的方式聯繫在一起，並且隨著交往的深入建立起深厚友誼，進而擴充自己的人脈資源。基於這一法則，奉勸各位不要放棄任何一個與人接觸和交往的機會，同學聚會、朋友小酌，甚至公司舉辦的各類活動都可能讓你認識更多的人。如果你想在遇到困難時有貴人相助，那麼就要合理運用六度空間法則這個法寶，用真誠和熱情為交際圈蓄積源源不斷的能量。一旦以你為中心的朋友圈擴大，友誼的碩果自然掛滿枝頭。

《聊齋誌異》作者蒲松齡說：「天下快意之事莫若友，快友之事莫若談。」結識朋友無疑為人生快事，而六度空間法則可以幫助我們以最快速度達成。我個人認為，六度空間法則在生活和工作上是非常實際有效的理論，只要能與人坦誠相處、熱情主動，一定會擁有甜蜜的友誼，擴大社交圈子，成為人際交往的佼佼者。

好形象才有好印象

雖然說做人不能以貌取人，但並不代表可以忽略外表的形象。一個穿著得體且姿態大方的人，無疑會給別人留下深刻印象。

每天出門前，我都會照鏡子，看看自己穿著是否合適，衣服有沒有褶皺。有的朋友嘲笑我「臭美」，我沒正面回答這一話題，而是反問他：「你是否覺得我比其他人稍微幸運一點，總是給別人留下好印象？」當得到對方肯定答覆後，我會半認真半開玩笑地告訴他：「如果你像我一樣『臭美』，出門多照照鏡子，你也會受到幸運之神的眷顧。」

出門照鏡子的習慣並不是因為「臭美」，而是要把一切因為形象而弄得糟糕的事情遏制。因為，這些糟糕的事情很容易讓別人當笑話，一旦遭到別人笑話，我的印象就會在他人的腦海中大打折扣，更不必指望別人會好好尊重我。一個人的穿著打扮將會給別人留下不同的印象，交往對象自然產生不同影響。心理雜誌上說：「外在形象雖然不能代表一個人，但是你給別人的印象，尤其是第一次的感覺，90%都來自於你的穿著和儀表。」

我的一位朋友是行為學家，他曾經做過這樣一個實驗。

首先，他讓一個人穿著整齊，西裝革履，儼然一副紳士模樣。這位紳士來到熙熙攘攘的大街上，他不斷向人問路，路人對他很有禮貌，問路者和回答者都很彬彬有禮。

接著，行為學家讓這個人換上邋遢的裝束，讓他再次去問路，很少有人願意多和他說上幾句，只有幾個不良青年願意向他接近，詢問他是否願意合夥去偷竊。

透過朋友的這個實驗，我更加清晰的認識到，一個人會因為形象的不同而給他人留下不同印象，並對交往對象產生不同影響。

如果你在見客戶前仔細打扮一番，不但是對別人的尊重，也是對自己的尊重。如果在聚會前你選擇一身得體的服裝，就會給他人留下清爽、幹練的印象。反之，你的衣服皺皺巴巴，很不得體，對方會覺得你是個粗線條的人，想必沒人願意和粗心的人打交道。

一定要把自己的眼睛當成別人的眼睛，當形象良好的時候，你才會變得更加完美。

可見，一個人的儀表和外在形象在人際交往中占有舉足輕重的地位。好的形象如同一張名片，隨時都在告訴別人你的品味、地位、性格、習慣、修養等個人資訊。得體的裝束凸顯你的品味，得體的舉止體現了你的修養，端莊的儀表則會讓你信心倍增。

以下幾則如何打造好形象的建議供大家參考：

1. 服裝要與自己的身分和所出席的場合相配合，無需奢華品牌，自然大方就好。
2. 儘量少選擇奇裝異服或搭配繁瑣的衣服，簡單而端莊的裝扮最佳。
3. 穿著要揚長避短，選購衣服更要考量是否適合自己，千萬不可凸顯了衣服，反而暴露自己的缺點。

4. 不要在別人面前做太多小動作，一些不雅舉止和壞習慣一定要避免。

只有在注重內在氣質的同時打造好外在形象，才會讓自己變得更加引人注目，並給他人留下良好的第一印象。試問，有誰不願意把自己最好的一面展現出來，樹立自己在他人心目中的良好形象呢？

完美溝通成就完美交際

溝通是一門藝術。每一個人都不可避免的要與他人打交道，如何有效達到自己所預期的目的，關鍵在於是否擁有良好的溝通能力。

我們無時無刻都在與人進行溝通，生活上需要和親朋好友溝通，工作上需要和上級、同事溝通。溝通如此重要，但是我卻時常聽到這樣的聲音：「對不起，您能點明具體意思嗎？」、「麻煩您再說得明白點」、「不好意思，我不瞭解」……這些話都不陌生，聽到這種回答之後，心中不免充斥失落感。為什麼會產生這種狀況呢？如果發現自己交流不暢，或者想要完成的目標沒能達成，那就要想一想是否因為自己沒有與他人進行良好的溝通。有這樣一個故事：

古時候，一個秀才去市集買柴，他對賣柴人說：「荷薪者過來。」

賣柴人左顧右盼，並沒有聽懂秀才說的話，只是愣在原地未動。

秀才搖了搖頭，走上前去，問：「其價如何？」

賣柴者還是聽不懂，試著問道：「你是在跟我說話嗎？我的柴非常便宜，兩文錢一擔。」

秀才摸了摸木柴說：「外實而內需，煙多而焰少，請損之。」原來，秀才想和賣柴者討價還價，說是木柴外面是乾的，可裡面還有些濕。要是燃燒起來，火苗小濃煙大。

可是賣柴者根本聽不懂這番話，一氣之下挑起擔子走了。

秀才雖然博學多才，但是卻連最基本的溝通能力都沒有。他在買柴的過程中沒有用簡單的語言和易懂的辭彙來與人溝通，而是使用過多繁瑣、修飾的話語。這樣一來，他與賣柴人之間的溝通遇到阻礙，自然達不成買柴和賣柴的目的。

如果想要擁有良好的溝通能力，就必須注意以下幾點：

1. 溝透過程中運用最多的就是語言，語言不需要追求華麗的辭藻，樸實、真誠、言簡意賅的詞語恰恰能引起畫龍點睛的妙用。

2. 與人溝通的過程中要適當地發表評論，讓對方感覺到你的互動。比如，適當運用「我知道了」、「您說得很清楚」、「我已經明白了」等諸如此類的語言，不但能給予對方鼓舞，而且還能讓雙方儘快地達成共識，以便順利促成事情完成。

3. 良好的進行溝通是雙向過程，它仰仗你能否準確抓住對方的注意力，並正確表達你所要闡明的事情。只有做到這些，才會給對方留下完美的印象，最終達成共識，獲得成功。

溝通是每個人在生活中經常遇到的問題，人與人之間要達到良好的溝通並不是一件難事。只要有意識地培養自己的溝通能力，便能建立一個輕鬆、和諧的溝通環境，才能與對方的意見達成一致，實現溝通的預期目的，邁向成功。

和陌生人說些家常話

和陌生人說話被認為是社交中的一大難關，如果處理好，可以縮短雙方距離；如果處理不好，則會丟失一個潛在的朋友。

以前的我很怕跟陌生人交往，每到這個時候，四目相對、侷促無言的局面就會出現。為了能和陌生人更好地交流，我著實下了一番苦功。現在的我，可以在短時間內和陌生人成為朋友，也許你會認為我在吹牛，但是聽我講下去，就會發現其中奧妙。

一般來說，和一個素不相識的人說說家常話，能使對方產生親切感，比如說家庭、婚姻、朋友、自我感受等，這些都是極好的話題。

如果遇到中年女性客戶，我會順其自然地和她談起孩子的教育問題。身為母親的客戶對這類話題十分感興趣，一來一往就會聊得相當投緣，訂單自然而然就被簽下了。

如果客戶是年長者，我會謙遜地向對方請教有關養生方面的知識，雖然談話與工作無關，卻能和客戶成為「忘年交」，日後自然得到不少「關照」。

如果客戶很年輕，我會將話題引向運動和時尚方面。

只要你懂得和陌生人聊些家常，就能籠絡住對方的心，消除彼此的陌生感。

雖然跟陌生人說些家常話是搞定人際的絕招之一，但也有需要注意以下事項：

1. 察言觀色，尋找對方感興趣的話題

一個人的表情、服飾、談吐和言行舉止時刻都在透露這個人的心理狀態和興趣、愛好等資訊，如果你擁有一雙善於觀察的「慧眼」，就能發現雙方的共同點。以此為突破口，自然能讓對方解除戒備心理，營造出輕鬆、和諧的交往氛圍。

2. 試探對方感興趣的話題

與陌生人相遇，開口就談及家常話會顯得很唐突。為了打破沉默僵局，最先要做的是開口說話。透過雙方自我介紹和寒暄就可以獲取些許資訊。

3. 在介紹中估測對方感興趣的話題

很多朋友都是透過熟人介紹的，在介紹對方的身分、工作單位、個性特點和愛好時，細心的人會從介紹中發現對方與自己有什麼共同處。從而找到共同話題。

4. 挖掘對方感興趣的話題

隨著交談話題增多和深入內容，雙方的共同點就會一一顯現出來。為了使交談進一步契合對方的心理，必須深入挖掘共同點。唯有這樣做，才能如願以償的跟對方交往，消除陌生感。

只要仔細觀察並熟練掌握家常話的交談技巧，就會縮短兩人成為朋友的時間。

稱呼對人有多重要？

稱呼是人們在日常交往應酬中所用的稱謂語，只有懂得稱呼對人的重要性，才能讓自己的人際關係輕鬆自如地開展。

一次舞會上，我親眼目睹了由於稱呼錯誤所導致的一場尷尬。

一位漂亮的女生在舞會上顯得那麼端莊、典雅，很多男士都想與之相識。這個時候，我身邊的一位先生走過去，對女生說：「夫人，能夠和您認識嗎？」這位年輕的女生頓時臉色發紅，慍怒地離開了。打招呼的男士滿頭霧水，根本不知道哪裡得罪了她。最後，我跟他說明原因。

從外貌和妝扮來看，這位女生大概二十歲左右，按照年齡推測，不可能是已婚人士。可是一聲「夫人」讓女生心懷不滿，於是拒絕跟他認識。不稱呼或亂稱呼對方，都會給對方帶來不快。所以說，使用稱謂，應當謹慎，稍有差錯，便會鬧出笑話。

為了避免發生如故事中的尷尬情形，我給讀者簡單介紹跟稱呼有關的知識：

1. 稱呼的重要性

在商務交往中必須選擇正確、適當的稱呼，因為它直接體現你對對方尊重的程度，也反映自身的教養。如果對稱呼問題掉以輕心，很有可能使雙方關係發展所演繹的程度和社會習性產生變化，因此，稱呼不能隨便亂用。

2. 稱呼的種類和用法

稱呼分為職務性稱呼、職稱性稱呼、行業性稱呼、性別性稱呼和姓名性稱呼等五種。

職務性稱呼是以交往對象的職務相稱，主要是表示身分有別、敬意有加，這是最常見的稱呼。

職稱性稱呼是對於具有職稱者，尤其是具有一定級別者而言的。比如：李局長、林處長等。

行業性稱呼是指對於從事某些特定行業的人，可直接稱呼對方的職業。如張律師、王醫生等。

性別性稱呼很好理解，按照一般常識，稱呼通常都是約定俗成地按性別的不同，分別稱呼「小姐」、「女士」或「先生」，其中「小姐」是針對未婚女性，而「女士」則稱已婚女性。

姓名性稱呼是指在工作崗位上稱呼姓名，一般限於同事、熟人之間。比如說琪琪、阿發等。

3. 運用稱呼時注意事項

(1) 錯誤的稱呼。上述舞會中的尷尬例子就是屬於錯誤的稱呼，主要是對被稱呼人的年齡、輩分、婚否以及與其他人的關係作出錯誤判斷。比如，將未婚婦女稱為「夫人」，就屬誤會。相對年輕的女性，都稱「小姐」，對方也願意接受。

(2) 稱呼使用不當。

(3)庸俗的稱呼。這種稱呼在正式場合並不適用，它容易讓人引起誤會，如不雅的綽號。

綜上所述，不要小看稱呼，裡面可是蘊含著極大的學問。認識稱呼的重要性，並合理運用稱呼，相當於成功邁出人際交往的第一步。如果想廣結人脈，那麼就從稱呼這個小細節開始關注起。

尋找對方關心的話題

溝通中，一旦發現別人也在關注自己所關心的事，大多數人都會產生一種無比親近的感覺。人際交往中，可以利用這種心理，從關心對方最關注的話題入手，以期贏得對方好感，拉近彼此的距離。

看雜誌時，我讀到這樣一則故事，故事內容如下：

一九八〇年一月的某一天，一位身體硬朗、聲若洪鐘的健碩老人來到美國舊金山一家醫院，他要探望一名因為身患痢疾而住院的女士。礙於醫院規定，護士拒絕老人探視的請求。

這名護士無論如何也想像不到，這位衣著樸素的老人正是通用電氣公司（又稱奇異公司或通用電器公司）的總裁。而這名總裁聲名顯赫，曾被世界公認的電氣業權威雜誌——美國《電信》月刊選為「世界最佳經營家」，他就是企業鉅子——斯通先生。

那位身患痢疾的女士究竟和斯通先生有什麼關係？朋友？親屬？這些都不是，他所探望的女士其實是公司在加州的銷售員的妻子，這名推銷員叫做哈桑。

斯通先生親自探望員工家屬的事情一經傳開，公司上下頓時沸騰起來。哈桑得知這件事後，既震驚，又對斯通感激不已。於是，決定以努力工作和輝煌的業績來報答斯通先生。從此以後，哈桑工作得更加賣力，在他的帶動下，通用電氣公司在加利福尼亞州的銷售業績呈直線上升趨勢，在全美地區評比中名列前茅。

人們認為，通用電氣公司的事業之所以能蒸蒸日上、長盛不衰，斯通先生功不可沒，因為他知道如何對員工付出真摯的情感。

如果你想和對方成為朋友，那就要像斯通先生那樣試著打動對方的心。也許你要問，該如何去做才能感動對方呢？——用對方關心的事來拉近彼此距離就是真誠交往的不二法則。

每個人心中都有最柔軟的一面，有自己最關心的人和最關心的事。在人際交往過程中，如果從關心對方最關心的人或事做起，就會贏得對方好感。

美佳剛跳槽到某家公司，在人生地不熟的環境中如何結交朋友呢？她自有一套絕招。

透過兩天的觀察，她發現同事王姐的兒子正準備參加學測，已經進入緊張的複習階段。美佳利用下班時間在網上搜集各種大學考試的複習資料，然後整理成冊交給王姐。她的這一舉動讓王姐感動不已，兩人最終成為無話不談的密友。

美佳懂得利用人的親情心理，從對方最關心的人事著手，讓對方心存感激，最終成為朋友。

如果你想結交更多的朋友卻又苦於無從下手，建議試試以上的法則，一定會收穫頗多，成為人氣超高的「好人緣」。

一開口就叫得出別人的名字

記住別人的名字是對一個人最起碼的尊重。不管你是高高在上的國王，還是平凡的人，誰都想得到他人的尊重。而人們最重視、最愛聽，同時也是最希望他人尊重的就是自己的姓名。

我發現一個很奇特的現象，那就是很多人第一次與陌生人約會或見面時，只關注對方的職業或者興趣愛好，卻不記得別人做自我介紹時所提及的名字。這一現象導致很多人碰到一些看似熟悉的面孔，卻喊不出名字的情形。我要說，如果你和對方交談，可是不知道對方的名字，是對他人不尊重的表現。也許你會對我的說法不屑一顧，甚至嗤之以鼻，但不管你相信與否，我所講的都是現實而真實的。一開口就能叫出別人的名字不僅是對他人的尊重，更是縮短雙方距離的有效途徑。

Alina當老師已經十幾年了，每一年總要送走一批學生，即使達不到桃李遍天下的程度，至少算得上桃李滿天下，每逢教師節或者Alina的生日，她都會收到來自各地的祝福賀卡和禮物，這些都是她學生寄送的。

為什麼Alina能受到這麼多學生的喜愛？難道只是她擁有漂亮的外表嗎？顯然不是。原因是不論她擔任的班級有多少學生，送走的畢業生多少屆，她都能牢牢記住每一位學生的名字。

「妳怎麼可以記住這麼多學生的名字？妳的記憶力超強嗎？」有同事問Alina。Alina回答：「我的記憶力和常人一樣，我之所以能記住這麼多人的名字，是因為我從心底喜歡他們、尊重他們。在課堂上，大家是師生；課堂下，大家是朋友。」說完，Alina還拿出一本筆記本展示給大家看。只見筆記本上密密麻麻寫著每位學生的出生年月、興趣愛好、家庭住址和學習情況等，正是因為Alina的用心，她和學生成為感情深厚、無話不談的朋友。所以，不管Alina送走多少學生，這些學生都和她有著密切的聯繫。

有誰不喜歡得到別人的重視呢？如同Alina的學生，如此尊重老師，不管他們走到哪裡都會真心相待。在生活和工作中，你肯定不希望朋友或同事記不住你的名字，這樣的感覺讓人超尷尬，覺得很沒面子。

如果你想牢牢記住別人的名字，開口就叫得出來，有幾個小招數和大家一起分享。

1. 真誠對待每一個人

只有真心對待，你才會心甘情願的付出，在心底為對方留有一席之地，繼而進一步溝通，發展友情。

2. 學會換個角度想

沒有任何一個人喜歡嘗到被忽略的滋味，如果你不想讓對方感到失落或難受，最好牢記別人的名字，並正確無誤地呼喚出來。

3. 記住別人名字是一種尊重

趙志剛經常去A市出差，每到A市，他都習慣下榻同一家大飯店。一天，他來到飯店櫃台，辦理住宿登記，還沒開口說話，酒店櫃台接待人員就熱情地說：「趙先生，歡迎您再度光臨本飯店，希望你在A市的每一天都快樂順心。」

趙志剛吃了一驚，飯店每天來來往往好幾百人，接待人員竟然能清楚記住他的名字，一種回家的感覺油然而生。

學者馬斯洛認為：「人們的最高需求是得到尊重，當自己的名字為他人所知曉就是對這種需求的一種滿足。」卡內基也說：「一種既簡單又重要的收穫好感的方法就是牢記別人的名字。」由此可見，善於記住別人的名字不但是一種禮貌，而且是一種感情投資，它會在人際關係中讓你獲得意想不到的效果。

如果希望與他人建立良好的溝通管道，先牢記他人的名字很重要。

零成本高回報的交際法寶——讚美

猶太人有一句諺語：「唯有讚美別人的人，才是真正值得讚美的人。」想要順利搞定事情的人，一定要學會讚美。讚美如同一劑溫柔又有療效的良藥，可以讓他人心甘情願地與你交往，且樂於扶持你在人生路上越走越順利。

莎士比亞的一句話讓我記憶猶新：「讚美是照耀在人心靈上的陽光，沒有陽光，人就不能生長。」孔子也說：「益者三樂，損者三樂。樂節禮樂，樂道人之善，樂多賢友，益矣。樂驕樂，樂佚游，樂晏樂，損矣。」莎士比亞的話很簡單，他就是想告訴人們，每個人都希望獲得別人的讚美，沐浴在讚美聲中的生活是一件無比美妙的事。而孔子用講道理的方式提醒大家，要「樂道人之善」，多從別人身上看到優點、亮點，然後肯定他、讚美他。

誰都希望自己被別人肯定，而讚美則是肯定對方的一種方式。不要吝惜讚美，因為讚美別人往往具有超強能力，能助你一臂之力。

小U所帶領的團隊是公司裡的NO.1。不管多麼具有挑戰性的工作，小U和他的成員都能保質、保量完成。

眼看就要到中秋節了，對於銷售公司來說這可是個「大日子」。總公司臨時將一個超大的促銷案「塞」給小U，這讓小U和他的成員措手不及。時間緊、任務重，團隊成員一個個怨聲載道，說：「總公司給了一個不可能完成的任務。」看著同仁一個個臉色凝重，小U鎮定地說：「我們仔細分析一下，看看有沒有可以按時完成的可能性。小A，你是中文系，文案和廣告宣傳就交給你，以你的聰明才智，這點工作簡直就是小兒科。小B，如果我沒有記錯的話，你對統計學頗有一手，搞定專案中的資料應該不成問題。不用說，小C你是公司的人氣王，如果由你出馬，再如何難纏的客戶都可以搞定，公關工作非你莫屬……」小U將工作逐一分配，指派工作的時候也沒有忘記讚美屬下一番。

聽了小U的分析，團隊成員覺得信心倍增，認為沒有什麼完成不了的任務。於是個個摩拳擦掌，準備大幹一場。自然，消極頹廢的態度也被一掃而光。最後，小U和手下的成員不僅出色完成任務，而且比總公司規定的日期提前了好多天。

小U是一個明智的上司，他相信自己和成員的能力，於是放大屬下身上的優點幫助其找回信心。

渴望得到讚美是人的天性，如果能像小U一樣恰到好處地讚美他人，自然能收到助益。所以，應該在生活和工作中學會讚美的藝術，並用智慧加以發揮，無疑這將對自身發展有很大好處。

怎樣才能讓讚美做到恰到好處呢？原則如下：

1. 讚美要出自真情實感

虛情假意的「好」話不僅會被人一眼識破，還會將事情搞僵、搞砸。只有真心的讚美才能表達內心由衷的欣賞。

2. 讚美的言語要適當，不可誇大其詞

如果你讚美一位肥胖的人身材優美，恐怕會引起對方極大的反感。正確的作法就是讚美的內容一定要跟對方已經具備或預期具備的優點或特徵相符。

3. 具體情況具體分析

你讚美的對象若是一位寡言少語的同事，如你使用滔滔不絕、長篇大論的方式加以讚賞，會讓對方感到尷尬或無所適從，這時你的讚美應該點到為止；倘若對方生性活潑開朗，淺嘗輒止的讚美也許會讓他意猶未盡。所以，要注意觀察對方，察覺出他的性格特徵，然後透過具體情況具體分析，力求將最完美的讚美送給對方。

總之，真誠和略帶技巧的肯定性讚美會讓彼此心情愉悅，並為自己帶來便利。如果想要順利搞定人、搞定事，不妨試試這個零成本高回報的交際法寶。

用傾聽博取好感

在與朋友交往的過程中，學會傾聽是促成良好友誼的有效途徑。只有用心傾聽對方說什麼，才能知道對方究竟想要什麼，該給他什麼？

有這樣一則故事，內容敘述：

曾經有一個小國到中原進貢了三個一模一樣的金人，皇帝看了非常高興。不過這個小國的使者並不厚道，給東西就給東西，還出道題目來為難皇帝，問題是「這三個金人哪個最有價值？」

皇帝讓人找來工匠，工匠查看結果，三座小金人在做工、重量和成色上都一模一樣。這下可難壞了諸位大臣和皇帝，要是回答不上來，如此泱泱大國豈不讓小國恥笑了？

正在這個時候，一個即將退休的老臣站出來說他有辦法。他當著使者的面將三根稻草分別插入三座小金人的耳朵裡。只見第一根稻草從小金人的另一邊耳朵裡穿出來，而第二根稻草則從小金人的嘴巴裡直接掉出來，只有第三根稻草直接進到小金人的肚子裡。

老臣說：「第三個小金人最有價值！」

使者點頭道：「完全正確。」

故事雖然很淺顯，但是從文中清晰地明白一個道理：一個人只有懂得傾聽，才會讓自己變得有價值。造物者給人兩隻耳朵一張嘴巴，就是告誡人們一定要多聽少說。學會傾聽、善於傾聽，才是人最基本的素質。

我的朋友淑華由於善於傾聽，且樂於幫助他人，因此她的朋友圈十分廣泛，人緣也非常好。

一天，同事怡恩哭哭啼啼來找淑華，一把鼻涕一把淚地訴說個沒完。反覆說著生活中的不幸，自己過得有多麼悲慘。開始時，淑華和其他同事都耐心地傾聽，悉心地開導。但是慢慢地，另外幾個同事被怡恩的話弄煩了，紛紛找藉口離開，只剩下淑華一個人依然聽著。

怡恩絮絮叨叨說了一中午後，發現上班時間到了，也就是說淑華犧牲了整個午休來聽她的哭訴。怡恩面露愧色，不好意思地說：「真對不起，我在這說了一中午，妳早就煩了吧。」

淑華笑了笑說：「做為朋友，我應當替妳分擔不快，妳現在心情好點了嗎？」

怡恩點點頭答：「好多了，我覺得心上沉重的負擔卸下了。」

淑華說：「那就好了，如果傾訴能幫妳減輕痛苦，聽上一天也值得了。」說完，兩個人相視而笑。

從那以後，怡恩和淑華成為無話不談的好朋友。怡恩是這樣評價淑華的：「從她認真聽我講話的那一刻起，我心底就認定她是個好人。」

學會傾聽，是一種愛心，必將贏得親情、愛情和友情。而與朋友交往過程學會傾聽，就是擁有美德、修養和氣度。

那麼，傾聽的好處有哪些呢？

1. 人都會遇到不順心的時候，需要有個人來傾聽自己的苦楚。這時，對方一句溫暖的話語，一條合理性的建議宛如溫暖的陽光，掃平心中的陰霾。

2. 只有懂得傾聽，才能真正幫助對方。在傾聽中找到癥結所在，仔細分析，找到對策，給予朋友無微不至的關心與幫助，才會使友情之樹常青，幸福之花常開。

3. 傾聽具有廣泛性，在傾聽的過程中不但可以博採眾長，開拓自己的思維，還能及時為朋友排憂解難，建立和諧的朋友關係。透過給予對方體貼入微的關懷與照顧，就能博得對方的信任和好感。

只有學會認真傾聽別人的心聲，才能深刻地瞭解對方，達到心靈共鳴。如果你想結識更多的好友，不妨從傾聽入手，一步步建立起深厚的感情。

唯有真誠才能換來真誠

真誠不僅是做人的基本素養，還是為人處世中最應該具備的美德。一個人只有付出真誠才能得到別人的信任。

一次旅行，我在飛機上親眼目睹了這樣一幕景象：

飛機即將起飛，我鄰座的一位先生對空姐說：「妳好，我身體有些不舒服，能不能給我倒杯水服藥？」

空姐關心地問道：「需不需要為您提前聯繫醫生？」先生搖搖頭。

「先生，您看這樣是否可以，飛機就要起飛，現在送水會對您的安全產生影響。如果您可以稍等片刻，等飛機進入平穩狀態再給您送水好嗎？」先生點頭應允。

倒水。

飛機起飛了，很快就進入了平穩飛行狀態。但是，由於太忙，空姐忘記給乘客

那位先生再次找到空姐，表達自己的不滿。

空姐連忙來到客艙，將水杯捧給對方，並且誠摯地道歉：「先生，真是對不起，由於我的疏忽，耽誤了您服藥時間。」

只見乘客面帶慍色，說：「怎麼搞的，有像妳這樣的服務嗎？本來答應的，竟然忘了。」空姐端著水，繼續道歉，可是那名乘客正在氣頭上，無論如何也不想原諒空姐。

為了補償自己的過失，接下來的飛行途中，空姐每次去客艙給乘客服務時，都特意走到那位乘客面前，面帶微笑地詢問有什麼可以幫忙的。可是，那位乘客依然不理不睬，餘怒未消。

在飛機落地之前，那位乘客叫來空姐，說：「妳把留言本給我拿過來。」這個時候，整個機艙的乘客都認為乘客要投訴空姐。只見空姐依然面帶微笑地說：「先生，請允許我再次向您表示真誠的歉意，無論您對我提出什麼樣的批評意見，我都

會欣然接受。」乘客什麼話也沒說，接過本子就開始寫。

等到飛機安全降落，所有的乘客陸續離開後，空姐打開留言本，驚奇地發現，那位乘客寫的是一封熱情洋溢的表揚信。在信中，顧客寫下這樣一段話：「在整個過程中，您表現出真誠的歉意，深深打動了我。您的服務品質很高，下次如果有機會，我還將乘坐這趟航班。」

是什麼讓乘客如此誠摯地對空姐提出表揚？那就是對方的真誠，用真誠可以打動任何人。就算對方態度強硬，屬於得理不饒人的那型，只要有足夠的耐心和真誠應對，相信沒有化解不了的矛盾。

一位女士逛鞋店，一進門就看到旁邊的牌子上寫道：「鞋子超級特價」。女士拿起鞋子一看，原價99美元的皮鞋只用20美元就可以買回來，簡直太便宜了。她試了試鞋子，覺得十分舒服，就對售貨員說：「把這雙鞋子包起來，我就要這雙。」

售貨員笑瞇瞇地說：「好的，我這就給您包裝。」可是在包裝的過程中，售貨員眉頭緊蹙了一下。

女士心想：「是不是標價有錯誤？」

售貨員對女士說：「您好，這雙鞋有一點小小的瑕疵。」

女士不解地說：「我剛才檢查過了，沒有問題的。」

「您看，這有一點點膠印。雖然您中意這雙鞋，也打算把它買下，但是我一定要把實情告訴您。這雙鞋品質很好，款式也很新穎，就是鞋上有一點點膠印。如果您不喜歡而放棄，我可以幫助您再選一雙別的鞋子。」

售貨員真誠的話語深深打動女士，她最後還是決定買下來。

真誠如同無聲的語言，時時刻刻向對方傳遞溫暖。只有付出自己的真誠，對方才會用真誠回報。故事中的售貨員，如果她發現瑕疵而蒙混過關的話，想必女士再也不會光顧這家店鋪了。

真誠可以得到別人的信任，可換取對方的真誠。所以，在與人交往時一定不要忘記這兩個字——真誠！

「投入」多，「回報」自然多

很多人都想如何獲得更多，卻沒想過要付出多少。其實，投入和回報是成正比的，只有真心投入，別人才會真誠地給予回報。

行走在職場上多年，見識過形形色色的人。有些人斤斤計較，生怕自己付出的比別人多，他們的大腦中彷彿裝有計算器，不管什麼事情都要計算投入和產出的比例。比如說，主管將一項工作佈置給A和B兩個人，A會在心中暗暗算計：「我負責的工作比較難，豈不是吃虧了？」結果可想而知，這項工作不但不能好好配合，而且品質也將大打折扣。

這麼多年來，我一直觀察世間百態，只有一種人讓我深深佩服——真誠付出的人。他們真誠地付出一切，從未想過要得到多少回報。可是結果卻和想像中大不一樣，他們的投入都有了回報，而且收穫更多。

Beata進入這家公司已經將近十年，這些年她一直勤懇工作，真誠待人。面對新到職的同事她總是有求必應，如同大姐姐一般熱情呵護。漸漸地，Beata在同事的心中有了極高的地位，大家都把她當成最親密的知己。

一位同事問Beata：「妳犧牲那麼多時間去幫助新人，能得到什麼好處？」

「為什麼非要得到好處？」Beata反問道。

「難道光投入不求回報嗎？這些新人到職時間短，社會閱歷淺，不會對妳提供什麼幫助。有時間，倒不如去和公司元老級人物處好關係。」同事繼續說道。

Beata搖頭，她並不贊成同事的觀點，「不是所有付出都要有回報，每一個人都是從新人走過來，如果你能多扶持他們一把，就會進步很快。」

同事聽了Beata的話，留下一句：「妳真是個大傻瓜」就走了。

Beata根本沒把同事的話放在心上，依然真誠地幫助其他員工。在她的幫助下，一批又一批新人成長起來，甚至有人成為獨當一面的管理人員。

從來沒想過得到回報的Beata，得到的回報更多，她所幫助過的人都對她敬愛有加，只要是有用得上的地方，他們都會挺身而出、雪中送炭。

Beata是一個明智善良的職場女性，她熱心助人，無私地與他人分享自己的工作經驗，並一一傳授，她不但獲得同事的信任，而且還收到周邊人所有的喜悅，令自己的工作開展得更加順利。

做為像Beata一樣的職業女性，我們是不是也應該把「付出大於或等於回報」這門功課好好補習一下？請相信，它帶給你的遠比你付出的多得多。

1. 讓付出成為一種習慣

很多人在辦公室都保持謹言慎行的做事方式，甘願在職場間做一個不願付出的人。如果讓付出成為習慣，一而再，再而三地與周圍人士分享工作中的點點滴滴，自然會成為辦公室焦點，人們都願意和你接近。

2. 讓付出促使職業生涯進步

人在職場，只要在能力與條件許可的情況下主動付出，最大的受益者無疑是自己。將對方做為付出對象就證明你信任對方，隨著付出增多，所獲得的也更多。

3. 用付出收穫更多的人脈

「在家靠父母，出門靠朋友」這句話流傳千百年，要想植根於職場，光有苦幹的本領還不夠，這時，需要有人脈關係做為背景。在一定程度上，一個人能獲得多大的成就，背後就會有多大人脈進行支持。

一位老婦辛勤地在田間勞動，一個年輕人看到後嘲笑說：「種子已經發芽了，沒有必要天天管它，反正到了秋天都要結出果實的。」

老婦人聽到年輕人的話，只是默默地搖頭，沒有言語。

每朝天一亮，老婦人就來到田間，為莊稼澆水、除草、施肥。一轉眼，秋天到了。老婦人的莊稼獲得了大豐收，而那個年輕人卻一無所獲。

做人做事與種莊稼的道理是相通的，只有投入得多，回報才會多。懂得付出的人就如同互生植物一樣，透過彼此的幫助就會源源不斷地把養料輸送進來，進而生長得鬱鬱蔥蔥、生機勃勃。

會笑的人有糖吃

當面對生活中形形色色的「黑洞」時，怎樣做才能倖免於難？最佳的答案是：熱忱。熱忱的笑容像陽光般照耀到不美好的地方，可以掃除籠罩在心頭上的陰霾，讓自己順利「逃生」。

壓力太大，競爭激烈，人際關係不好相處，是我聽到過最多的抱怨話語。有一句話叫做「靜中得力」，就是要利用處變不驚的心態，冷靜、平靜地面對，找到突破的契機，攻破帶給我們壓力的堡壘。那麼，攻破這個堡壘是否有「絕招」存在？我個人認為還是有的，熱忱的微笑就像是爆破力強的武器，它能讓人自我調節，消除焦慮，把所有力量和精力集中一起，專注應對某一件事或某一個人。

其實，生活中處處隱藏著甜甜的「糖果」，這些糖果不是顯而易見，伸手可得的，而是需要你自己去努力、奮鬥，用笑容找尋。那麼，該如何利用熱忱的笑容得到甜美的「糖果」呢？

1. 熱忱的笑容可以為自己打造積極的心態

王美麗和趙佳人是強有力的競爭對手，她們同在一家公司，負責的工作大同小異，能力也不相上下。工作一年後，趙佳人幾乎囊括了所有獎項：最佳新人獎、年度優秀員工等，並且還取得晉升的機會，只有王美麗還在原地打轉。

看到如此「幸運」的趙佳人，王美麗心裡開始不平衡。於是，冷面對待趙佳人，並且常說一些陰陽怪氣的話。面對王美麗的「責難」，趙佳人一度情緒低落，工作也失去動力。部門經理發現趙佳人的變化後，語重心長地對她說：「不管遇到什麼事，都要記住，熱情的笑容是最好的交際語言。不要讓某些困難成為前進路上的牽絆，應該以此為動力，做出更好的成績。」

聽完經理的話，趙佳人明白以後該如何去做了。從那以後，不管王美麗用什麼方式來「刁難」她，趙佳人都會回報甜美的笑容。她總是這樣鞭策自己：「一定要調整心態，努力工作！」

有了積極心態的趙佳人，工作起來更有勁頭，年底再一次被評選為「進步最大的員工」。看著手捧榮譽證書的趙佳人，王美麗羞愧地低下了頭。

2. 熱忱的笑容可以讓你收穫更多的人力資源

Sarah是一個工作能力極強的女性，但是為人冷若冰霜，公司同事對她敬而遠之，在背後稱她為「冷美人」。慢慢地，Sarah成為公司的「孤島」，出入公司都是形單影隻。

面對這種狀況，Sarah十分苦惱，她也想獲得友誼，有朋友陪伴左右。於是，Sarah走進一家心理諮詢室，希望在此尋求到幫助。

心理醫生耐心聽完Sarah闡述後，對她提出一個請求：「美麗的女士，從進門開始妳就沒露出過笑容，能笑一個讓我看看嗎？」

醫生幽默的言語逗得Sarah微微笑了一下，醫生隨後說：「妳的笑容很迷人。妳之所以沒有朋友，癥結所在就是冰冷的態度。妳以冷冰冰的姿態示人，別人自然不敢接近。回去試著改變一下，拿出熱情，露出迷人的笑容，相信妳身邊的朋友一定會很多。」

聽從醫生的建議，Sarah照樣去做。果然，短短幾個月的時間，Sarah變了一個樣，每天都能看到她熱情洋溢的笑容，自然還有眾多陪伴左右的好友。

在多變的生活中，人難免會遭遇到同事、同行競爭等事件。如果在這些困難面前退縮、畏懼，就很容易「葬身」於黑洞的漩渦。只有保持積極的心態，用熱忱開路，才會獲得更多的知識和人脈，進而打拼出一條陽光大道，為自己帶來不一樣的天地。

幽默是處世的大智慧

幽默是一種高超的語言藝術，它不但能給周遭的人帶來歡樂和笑聲，而且能提高個人魅力，進一步促成雙方良性的溝通。

在我的觀念裡，幽默和諷刺是不一樣的，可是總有人將冷嘲熱諷的話視為風趣。想像一下，如果你和一個大肚男開玩笑，說他身材很棒，是超級有型男。想必被開玩笑的對象除了尷尬，心裡還會有幾分難過。雖然風趣幽默的語言有「四兩撥千斤」之力，但是諷刺的話做不到一言九鼎的交際效果。

現實中，幽默能彰顯一個人的風度和素養，為其增添魅力。幽默是成功社交的捷徑，也是博得好感、贏取友誼的良方。我曾搜集過有關名人幽默的故事，從這些故事中，可以汲取有關處世哲學的養分。

故事1：

眾所周知，索菲莉亞是著名的喜劇演員。某天，她在餐廳裡獨自享用晚餐，一位老婦人慢慢向她走來，並且伸出手摸了摸索菲莉亞的臉龐。老婦人邊摸邊自言自語道：「真沒看出來這張臉有多好。」索菲莉亞聽後，莞爾一笑說：「省省您的祝福，我看起來確實沒有多好看。」

・處世哲學：

索菲莉亞用幽默打破尷尬的局面。這也表明，一個面帶微笑、風趣幽默的女人比一個神情抑鬱的女人更能受到別人的歡迎。適當的幽默有著巨大的力量，充滿幽默的言談可以讓氛圍變得輕鬆自在，更容易處理人與人之間，或簡單、或複雜的關係。

故事2：

二次世界大戰後，英國伊利莎白女王受邀去美國訪問。記者不懷好意地為難女王，問道：「請您準確說出對美國的第一印象。」伊莉莎白女王回答：「報紙太厚，廁所用紙卻太薄。」此話一出口，就引得記者哄堂大笑。

・處世哲學：

伊莉莎白女王用智慧解答問題，她完美的將幽默運用到說話技巧中。這裡的智慧蘊含著寬容和諒解。

英國思想家培根說過：「善談者必善幽默。」這兩則故事告訴人們，只要能恰如其分的運用幽默，既可擺脫尷尬，還能給對方有力的回敬，這就是幽默的魅力所在。相反，如果將諷刺融入自以為是的幽默中，效果就將適得其反。

王聰明口才極佳，自恃幽默風趣，但是同事卻不這樣認為。

他服務的部門有一位同事患有腳疾，走路有些跛。王聰明喜歡拿他開玩笑。

一天，王聰明在辦公室大喊：「快看快看，他走路的樣子，像不像李棠華雜技團裡的小丑。如果公司評選金小丑獎，非他莫屬。」王聰明本以為幽默的話可以博得大家一笑，卻沒想到所有人臉色陰沉，並批評他說：「拿別人身體的缺陷開玩笑是一件非常不禮貌的事，我們不覺這有什麼好笑。」

王聰明受到同事的批評，羞愧地低下頭，久久不敢抬起來。從此以後，他再也不敢開這種無聊的玩笑了。

社交活動中，不論你是普通職員，或是身居要職的上司，善於運用幽默的力量，能讓自己受益匪淺。如果想在幽默中贏得友誼，成功建立社交關係，就一定要知道幽默並不等於諷刺。

發現別人的亮點

「一個人伸出手，十個指頭有長有短；一個人為人處世，也會有長處和短處。」也就是說，每個人既存在有優點，也有缺點。只有善於發現別人長處的人，才是明智的人，一個別人願意與之相處的人。

多日不見的老同學約我去東區喝咖啡，在手機談話的語調中，我隱約感覺出有些不對勁，於是趕忙前往。

見到老同學，他臉色暗黃，面帶憔悴，寒暄過後，他一直低頭攪拌咖啡，滿臉愁容。

「有什麼心事要跟我說嗎？」我問道。

「我遇到了很不開心的事。」老同學終於打開「話匣子」。

老同學工作的單位，平日同事關係相處的還算過得去，呈現「你好我好大家好」的和諧狀態。可是一到投票評選優秀員工，涉及到利害衝突就會爭得面紅耳赤。這次，老同學被評選成為「優秀工作者」，這可算是捅了蜂窩。同事間你一言我一句的攻擊起來：「你有什麼了不起，剛進公司還不是我一手教你。」「你的業務都沒有我精湛，憑什麼得獎？」……諸如此類的話讓老同學極度傷心，於是跑來跟我訴苦。

「我真的有那麼差嗎？」老同學問道。

「這種現象一點也不奇怪，雖然評比分高下，但是一般情況下，人與人相比，誰優誰劣，總是相對的，不能說某人長處多，某人短處不少。問題是怎樣去比較，怎樣去看別人。他們拿有色眼鏡看你，自然把你所有的短處放大。」我安慰他。

「這麼說，我也有亮點了？」老同學反問。

「當然，不然你怎麼能獲獎。」我說。

社會上就是存在有這樣一群人，他們不懂得發掘別人身上的亮點，從而產生驕傲自滿或者妒忌多疑的情緒。在他們看來，不論人家做得再好，這些人都會說這不行，那不行，一付傲視別人，漠視別人，別人怎能與之和諧相處的態勢。

善於發現別人的亮點，於人於己來說，好處多多。

1. 古人說：「見賢而思齊。」只有發現別人的長處，才能知曉自己的短處，進一步取長補短，改善自我。

阿星是一個善於發現別人長處的人，他發現看似平庸的鄰居竟然是個電腦高手。於是，只要有空他就會去請教鄰居電腦問題。漸漸地，阿星的電腦水準明顯提升，成為公司不可多得的綜合型人才。

2. 善於發現別人長處的人通常可以辦成大事。現今職場，單槍匹馬是很難成功的，需要集體的智慧、眾人的協力。看不到別人的長處，就不能調動別人的積極性。如果是主管，組織一個團隊，去完成某項任務，關鍵是能發揮眾人所長，調動大家的積極性。

楚將子發非常喜歡結交有一技之長的人，並把他們招攬到麾下。一天，一個其貌不揚，自稱「神偷」的人前來求見，子發待他如上賓，並賜給他房宅。子發身邊的文臣武將見此，大為不滿，不願與「神偷」為伍。

有一次，齊國進犯楚國，子發奉命率軍迎敵。雙方三次交戰，楚軍都無法攻下敵營。子發一籌莫展，無計可施。

這時，神偷自願請戰。不少人對他嗤之以鼻，認為他根本沒有辦法退兵。子發卻很信任他，答應他的請戰之願。晚上，神偷在夜幕掩護下，將齊軍主帥的營帳偷了回來。

子發很高興，第二天，他派使者將營帳送還給齊軍主帥，並對主帥說：「我們出去打柴的士兵，無意中撿到了您的營帳，特地趕來奉還。」

齊軍主帥見到營帳，大為震驚，趕緊加派重兵嚴加巡邏。沒想到當天晚上，神偷又潛入齊營，順利地將齊軍主帥的枕頭偷來。隔日，子發再次派人送還。

第三天晚上，神偷再入齊營，將齊軍主帥的頭盔盜來。子發照樣依計派人送還。

這件事在齊軍之間傳開，大家十分恐懼，主帥對幕僚說：「如果再不撤退，恐怕子發要派人來取我的人頭了。」於是齊軍不戰而退。

這個故事可以給管理者很大的啟示：一個企業需要的人才是多種多樣的，人只能在某一方面或某幾個方面比較出色，不可能在各個方面都非常出色。因此，精明的管理者應該容人之短，用人之長，只要把合適的人才放在合適的位置上，同樣可以發揮出人意料之外的效果。

用一雙發現的眼睛去看別人的長處，既能化解人與人之間的矛盾，又能讓自己的心態平和，更能促進個人與事業進步。如此一舉多得，何樂而不為呢？

別吝嗇你的舉手之勞

舉手之勞，顧名思義就是做一些輕而易舉就能做到的事。人人都有自我表現和被人肯定的需要，那麼，為什麼不做舉手之勞就讓別人獲得滿足的事呢？

閒暇時瀏覽網站，看到這樣一句耐人尋味的話：「職場無小事，很多小事只是舉手之勞，但是帶給別人的方便和溫暖卻不可用簡單的數量來衡量。樂於助人的人，在團隊協力和人際關係方面都會比較出眾。」舉手之勞還有這麼大的作用？我對此十分感興趣，繼續將那個網站的文章看完。

網頁講述一個故事：倩倩是個熱心的女孩，某天她發現同事張姐滿臉痛苦地捂住自己胃。

倩倩知道張姐的胃病又犯了，於是趁中午休息時間跑到餐廳給張姐買來一碗熱騰騰的粥。

倩倩對張姐說：「趁熱喝吧，白粥能養胃。」

看著倩倩誠懇的樣子，張姐很是過意不去：「為了給我買粥，妳都沒時間午休。」

倩倩爽朗地說：「舉手之勞，妳千萬別跟我客氣。」

在倩倩身上，這樣的事情數不勝數。自然，這個喜歡「舉手之勞」的女孩也贏得同事的喜愛。上至公司元老，下至新到職的員工都和倩倩成為好朋友，倩倩遇到工作上的難題，就會有人挺身而出幫助解決。

就這樣，倩倩的工作表現突飛猛進，年底時被公司評為「最具潛力的員工。」

如今，社會上有些人對舉手之勞這類小事不屑一顧，認為出色的能力和過人的本領比做些順手的小事更重要。其實不然，只有像倩倩那樣舉手之勞解決小事的人，才能為自己奠定成功的基礎，不以善小而不為就是這個道理。

羅蒙・諾索夫曾說：「不會做小事的人，也做不出大事來。」有人需要協助，在自己能力範圍內給予幫助，雖然看似微不足道，但是可以微見著。中國海爾集團首席執行官張瑞敏曾說：「把每一件簡單的事情做好就是不簡單，把每一件平凡的事情做好就是不平凡。」很多人總是盼望能夠出人頭地，但如何才能成功呢？除了自身的能力外，還需要有廣闊的人脈助自己一臂之力。這廣闊的人脈，正是在舉手之勞的點滴小事中，慢慢累積起來的。換句話說，不吝惜舉手之勞就會使人邁向成功，多做舉手之勞的「小事」，實際上就是在為自己的競爭力提高籌碼，增大附加價值。

進一步山窮水盡，退一步……

俗話說：「進一步山窮水盡，退一步海闊天空」，與人交往過程中這句話同樣適用。真正為人處世的大智慧恰恰是退讓，因為退讓會給你帶來意想不到的收穫。

老子在《道德經》中寫道：「故物或損之而益，或益之損。」意思為：任何事物，表面上看來受損，實際上卻是得益；表面上看來得益，實際上卻是受損。透過這句話，我不由得想起公司最近發生的一件事：

李震是公司的業務員，前幾天他接到一通客戶的電話，說要印刷一批宣傳DM。

雖然這是一筆小業務，但是李震欣然答應了。

李震跑前跑後將宣傳DM遞到客戶手裡時，客戶猛然發現由於自己的失誤印錯了內容。客戶開始找藉口，一會兒說這印刷清晰度不夠，一會兒認為那個色彩調得不對。總而言之一句話，就是拒收這批貨。也就是說，李震需要為客戶犯下的錯誤買單。

回到公司，李震越想越氣，覺得做業務很委屈。這時候，老員工王成勸道：「小夥子，這點困難算不了什麼。你往後的路還長，難免會遇到各種棘手的事和形形色色的人。做為過來人，我只對你說一句話，那就是退一步海闊天空。」

聽完話，李震感受頗深。第二天，自掏腰包為那批錯誤的宣傳DM結了帳，並且按照更改後的內容重新印刷一批。

李震到了客戶那裡，先把新印刷品給客戶看過，然後誠懇地對客戶說：「十分抱歉，耽誤了您的時間。雖然上批DM出了錯誤，但是我已趕印了新的一批，這兩批印刷品我會按照合約收費。也就是說，不會讓您多花一分錢。如果下次還可以繼續合作，請您相信我，我們的印刷品質一定是最好的，希望合作愉快。」

聽完李震的話，客戶在心裡也盤算一番：這批印刷品如果由業務員自己買單，肯定虧大了。他覺得眼前這個小夥子踏實、誠懇，是個好的合作夥伴。兩天以後，客戶給李震打電話，打算繼續印刷幾萬張DM，而且還要將公司DM全部送往李震所在公司印刷。

聽到這個消息，李震喜出望外，逢人便說：「退一步果然海闊天空啊！」

這個例子證實了兩句古話：「吃虧是福」和「退一步海闊天空」，同時也提出了一個關於退讓的課題：損和益到底是什麼關係？對於這個問題，老子在大量觀察的基礎上，運用「反者道之動」的原理，得出這樣的結論：「任何事物，表面上看來受損，實際上卻是得益；表面上看來得益，實際上卻是受損。」上面講述李震的例子，就是「物或損之而益」的明證。表面上是虧損一筆錢，但正是由於這個「損」，使他贏得了客戶。「損」的結果，迎來了日後大宗訂單的「益」。這個「損」中有「益」的轉化，表現得極其鮮明。

就個人而言，一個懂得讓步、甘願吃虧的人，大都是以誠信做根基；而做事斤斤計較的人是不可能交下任何朋友的。退讓不是軟弱，而是適當適切地給人留退路，犧牲一時的利益，換取的卻是朋友的信任和長久的發展。

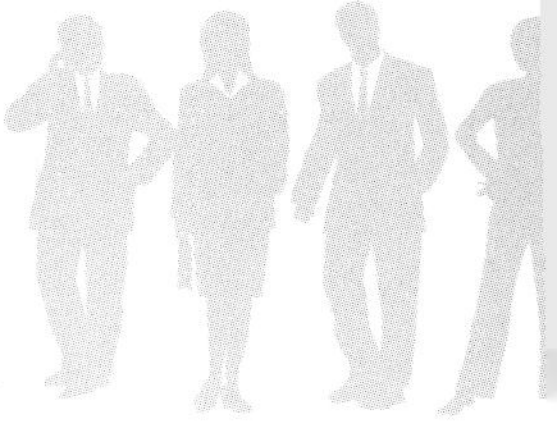

第4章

找對人

對的人才能辦對事

不要小看找人辦事，這裡面蘊含著大學問。
只用摸清裡面的門道，才可以在別人的幫助下順利而圓滿的解決事情，達到自己的目的。

交友的品質越高越好

——儘早建立起高品質、穩定的人際關係網路，是爭取人際資源的第一步。

西班牙著名作家賽凡提斯曾說：「重要的不在於你是誰生的，而在於你跟誰交朋友。」英國諺語也說：「重要的不在於你懂得什麼，而在於你認識誰。」在我看來，這兩句話都向大家透露出一個資訊，那就是交友是人生中的大事，品質高的朋友才能帶來更大的收益。

那麼該如何結交高品質的朋友呢？

1. 注重交友的環境

一般來說，一個人的喜好和個人修養、品質有著直接關係。舉例來說，文人喜歡讀書，圖書館、書店是他最常去的地方；性格外向的人喜歡運動，運動場、游泳館中會時常看到他的身影……以此類推，如果你在某個場合經常遇到此人，就可以察覺其喜好特徵。

酷愛運動的悠悠參加登山社團，每逢週末大家都會組織一場登山比賽。一天，一張新面孔吸引了悠悠的目光，只見對方高大帥氣、陽光開朗。「這個人是誰啊？」悠悠悄聲問身邊的同伴。「他是新參加的社友，名字叫白明翰。」同伴告訴悠悠。

從那以後，悠悠有意識地關注起白明翰來。透過觀察，悠悠發現他每次必到，是個酷愛登山的發燒友。於是，悠悠開始試圖接近他。

幾次交談過後，悠悠發現自己和白明翰志同道合，在一起有很多的共同話題。不久，兩個人就成為隊伍中引人注目的黃金拍檔，成為登山社最亮麗的一道風景線。

2. 試著結交比自己優秀的人

俗話說：「誰喜歡什麼樣的朋友，誰就是什麼樣的人。」嘗試著跟比你優秀的人交朋友，你會從中汲取力量，進而改善自我。

《胡雪巖傳》中記載這樣一個故事：

胡雪巖是清末赫赫有名的大商人，他不但極具經商頭腦，而且是經營人際關係的高手。換句話說，其富甲天下的財富除了能力外，全是透過關係運轉而來的。

胡雪巖一生朋友多，人緣很好。在不同時期，都會有一個關鍵性的貴人給予幫助。如果沒有貴人的扶持，他的財富也就無從談起。

談及胡雪巖的財富，就不能不說他和王有齡之間的關係。王有齡原本是杭州一個小官員，一直想往上爬，但苦於沒有錢作敲門磚。隨著與王有齡深入交往，胡雪巖驚奇地發現，二人居然志同道合，有著同樣的心願。

一天，王有齡終於說出了心裡話：「雪巖兄，小弟並非無門無路，只因苦於兩手空空如也，沒有金錢上下打點，只好作罷！」胡雪巖一聽這話，正好說到自己心裡的話，便說：「為兄知道你的心思，所以我願意傾家蕩產來幫助你。」王有齡連忙說：「如為弟有飛黃騰達的那一天，定不會忘記你的恩情！」

後來，胡雪巖果真變賣自己的家產，將賣來的幾千兩銀子都無償送給王有齡，讓王有齡進京求官去。胡雪巖依舊從事老本行，把這件事拋諸腦後。鄰居都笑他傻，他卻不在意。幾年後的一天，升為巡撫的王有齡，上門拜訪胡雪巖。王有齡問胡雪巖有什麼需要幫助的，胡雪巖只是祝福了一下對方，稱自己並無困難。但王有齡是一個知恩圖報的人，在生意上處處照顧胡雪巖，使胡雪巖的生意越做越大。

如果交友品質不是很高，那麼就永遠無法擴大自己的事業，無法學習到新的東西。當一個人在別人身上攝取更大的能量後，他的品質才會提升，力量才會壯大。所以，為了進步和發展，還是交一些品質高的朋友為好。

貴人也有很多種

《紅樓夢》一書中的薛寶釵有一句詞：「好風憑藉力，送我上青雲。」每個人都渴求有「好風」送自己登上「青雲」，可是你知道貴人在哪裡嗎？

同事張大偉十分好運，遇到了生命中的貴人。有了貴人的提拔，他一路扶搖而上，直接晉升為總經理。看到張大偉的經歷，我不禁聯想到現實生活中的每一個人。俗話說：「七分努力，三分機遇」。努力來源於自己，機遇則來源於客觀因素。雖然歌曲唱出「愛拼才會贏」，但實際生活中有些人用力拼搏卻不見得有所成就，這是為什麼？原因之一就是缺少貴人。

人和的內涵就是「貴人相助」。有貴人相助，成功就會變得簡單得多。所謂貴人，已經不僅僅是那些功成名就的達官貴人。在生活周遭，貴人有很多種，對你諄諄教誨，鞭策有力的恩師；給你溫暖和愛的伴侶；為你提供升職機會和就業機會的公司主管；協助你順利完成任務的得力屬下；為你提供各種有利資訊的眾多朋友……他們都是你的貴人。由此看來，貴人不分貧富和貴賤，凡是對你有幫助的人都是貴人。

著名影星陳沖公開承認：「我不得不相信，我的生命中是有貴人的。」她所指的貴人在不同時期有著不同的對象。第一個貴人：著名導演謝晉。謝晉拍攝影片《青春》，選中她主演劇中女主角啞姑，從此步人影壇。第二個貴人：導演黃建中。黃建中拍攝《小花》，選中她做女主角。憑藉劇中出色的演出，陳沖獲得中國電影「百花獎」最佳女主角。第三個貴人：美國導演。將她推薦給《末代皇帝》的導演，最終揚名好萊塢和亞洲。第四個貴人：Paul Chao。她初到美國時，幫她找學校、讓她可以安定下來。

正是這幾位貴人，幫助陳沖掃除了前進路上的絆腳石，令她抓住時機成為大家心目中的「影后」。

試問自己，誰是你的貴人？誰又能夠成為你的貴人？你生命中的貴人，可能在你意想不到的時間和地點出現。說不定他們就生活在我們周圍。

1. 上司可以成為你的貴人，你能否受到提拔跟他們密切有關。
2. 最讓你意想不到的人也許就是你的貴人。這個貴人也許是你的客戶、你的朋友，甚至是不起眼的同事。
3. 親人也許是你的貴人，在親情面前，疼愛你、關懷你的人會不遺餘力的給予幫助。

貴人的出現，表面上看似偶然，實質上都是個人努力的結果。因此，做個有心人，在提高自己的能力的同時，努力發掘身邊的貴人是十分必要的。

遠離損友

「近朱者赤，近墨者黑」，只有分清朋友的好壞，遠離損友，才能維護健康的社交圈。

我的好友斯諾是一個喜歡結交朋友的男孩，他的朋友很多。大家勸他說：「斯諾，結交朋友是好事，但是一定要分清楚哪些朋友能交，哪些朋友不能交。」每每聽到別人這麼說，斯諾都會不耐煩地揮揮手，然後頭也不回的走掉。

一晃好幾年沒聽到斯諾的消息，偶然的機會得知他觸犯法律，被判刑。

「究竟是怎麼回事？」我焦急地詢問。

「他結交了一群社會不良青年，走上販毒的不歸路。」

聽了斯諾的遭遇，我感到心痛之餘，也意識到選擇良友的重要性。

孔子曾經說過：「益者三友，損者三友。友直，友諒，友多聞，益矣；友便僻，友善柔，友便佞，損矣。」這句話的意思講的是，在朋友當中會有三種對自己有益的朋友；有三種對自己有害的朋友。三種有益的朋友是為人正直，誠實守信，知識淵博。三種有害的朋友是口蜜腹劍，只說不做，當面一套背後一套。

遠離損友，一般來說，要跟以下幾種人保持一定距離：

1. 交淺言深者

有一種人，你跟他仍生疏時，就一股腦把苦衷傾訴給你。乍看之下，很令人感動，實際上喜歡隨意向別人傾訴，你在他的心中並沒地位，還是遠離為妙。

董曉玲是一個典型的「自來熟」，不管遇到誰都能交談。她喜歡將自己的事情對別人傾訴，以此縮短心與心之間的距離。開始時，大家都認為她很真誠，可是隨著交往時間深入，發覺她跟誰都是這樣。於是，身邊的朋友一個個離她遠去。

2. 搬弄是非者

「說人是非者，必為是非人」，這種人熱中一切八卦事件，喜歡在背後搬弄別人隱私。如果你跟這種人交朋友，就會捲進「是非」漩渦。這個時候，最明智的選擇就是逃離是非之地，遠離是非之人。

3. 唯恐天下不亂者

這些人故意製造緊張氣氛，搞得人心惶惶、雞犬不寧。如果你身邊有這種愛傳播甚至編造小道消息的人，一定要提高警惕，萬萬不可相信他。

4. 貪小便宜者

「貪小便宜吃大虧」，但是有些人卻偏偏聽不進去這句話。這些人喜歡順手牽羊，愛占小便宜。這種人為人自私，很少會為他人考慮、著想。就算平日你跟他的關係再好，如果遇到利益衝突，他會離你遠去，甚至落井下石。

俗話說：「害人之心不可有，防人之心不可無」，分清朋友的良莠，才能遠離損友。因此，交友要仔細，千萬不要把損友視為好友，讓自己陷入困頓和苦惱中。

莫以人數衡量自己的「資源」

人脈是一種資源，它既是顯性的，又是隱性的。對個人而言，這種特殊的資源不能以人數多寡來衡量，而是貴在求精。

「唉，很失敗，我的朋友圈竟然只有幾個人。」同事向我抱怨道。跟這位同事有相同看法的人不在少數，他們認為人脈就比如石油有探明儲量和可採儲量一樣，只要肯努力，石油就會汩汩而出。我不贊同這種觀點，人脈資源的優劣是不能以數量來衡量的。試問，如果你的朋友滿天下，然而跟對方的關係僅存於泛泛表面，那龐大的關係網又有什麼用呢？

戴爾和米斯有著不同的交友概念，戴爾交友廣泛，頗有「四海皆兄弟」的態勢。米斯則不然，他交友前都要進行仔細思考，在心中辨別此人是否可交後，才會與其進行交往。

不同的交友觀念造成兩個人不同的人脈網路。乍看之下，戴爾的人脈資源遍佈很廣，而米斯人際關係網中的成員卻為數不多，寥寥無幾。

俗話說「患難見真情」，考驗關係網作用的時刻到來了。由於金融風暴來襲，戴爾和米斯雙雙被公司裁掉，這就意味著他們必須自謀出路。

戴爾在心中盤算應該向誰求助，可是朋友那麼多，他想來想去卻不知道誰會拉自己一把。他的那些所謂「朋友」得知戴爾有求於他們時，臉露難色，告訴戴爾實在沒有那個能力；或是含混其詞，根本不想真正出力辦事。戴爾硬著頭皮打了一通又一通電話，拜見了一位又一位朋友，最後以失敗告終。

米斯呢？米斯被裁員的消息才一傳出，他的幾個朋友就紛紛打來電話，有的為米斯推薦公司，有的邀請米斯跟自己合作，甚至有人準備出資讓米斯「過過老闆癮」。

藉由這件事情，戴爾對朋友有了新的認識，那就是「不能以人數來衡量人脈資源」。

所以，應該這樣盤點和拓展自己的人脈資源：

1. 多樣性

單一的職業分佈和單一管道認識的朋友難免有一些同質化，這樣的人脈品質不會很高。只有拓展人脈資源的種類，才能結交到不同的朋友。

2. 真實性

實實在在的友情強於浮誇的關係。如果你的朋友都只停留在表面虛情假意的交往，那麼奉勸你一定要仔細審視人脈資源。

3. 平衡性

人脈資源要平衡物質和精神方而的需求。有些朋友只將目光停留在物質需求，對精神需求一概忽略不計。這樣一來，就會讓人脈資源的品質大打折扣。

4. 結構合理性

人脈資源的結構要科學合理，比如性別結構、年齡結構、行業結構等。人脈圈子結構過於單一、單調，往往易於導致人脈資源的品質不高。

5. 人脈資源的深度、廣度和關聯度相統一

人脈的深度即人脈關係縱向延伸的情況，達到了什麼級別（即關係的緊密程度），哪些是知心朋友，哪些是泛泛之交；人脈的廣度即人脈關係橫向延伸的情況，範圍（區域與行業）有多廣；人脈的關聯度指人脈關係與個人所從事行業的相關性，以及跟你的事業、生活直接的相關性。所以說，精品的人脈資源就等於人際關係的廣度加深度加關聯度。

每個幕後都有關鍵人物

有些時候會因為人的關係，導致事情進展不下去，苦惱的你有沒有追根溯源地考慮失敗的原因呢？事情是人為的，事情無法辦成就代表沒有搞定真正的關鍵人物。

「要想通融事，必先能通融人。」不先把人搞通，就不會把事搞定。一直以來，我都認為世上所有的事情都是由人做成的，與其琢磨事，不如盡心竭慮地琢磨人。當你搞清誰是促成事件成功的關鍵人物後，事情自然可以順利辦妥。

好友蘇珊在一家大公司工作，本來能力強、做事勤快的她早就應該升職，而且她已經為公司效力了五年，怎麼輪也該輪到她了。可是老天不開眼，蘇珊的升職之路可謂「路漫漫其修遠兮」，比她晚來兩年，能力不如她的後輩都爬到她頭上做主管了，可以想見蘇珊能做到心理平衡嗎？

為此，蘇珊找人事主管，懇求、質問、擺事實講道理的話全都用上了，就是沒效果。人事主管讓她直接找總經理，到了總經理那裡又被推回來說這事不歸他管，是人事主管的職責範圍。蘇珊就這樣被踢皮球似的踢了好幾個來回，後來連已經是自己上司的後輩都看不慣了，就在一次會議上悄悄對蘇珊說：「前輩，妳知道妳為什麼升不了職嗎？」

這可是最敏感的問題，蘇珊當即拉起她的手問明原因，後輩回說：「還記得原來同部門的艾瑪嗎？就是有一次因為犯錯被妳指出來的那個。」

「記得啊，怎麼了？她不是因為那件事情被公司開除了嗎？」蘇珊說。

「沒錯，但是她後來成了董事長的妻妹，她對妳指證她當年的行為好像不能釋懷，而這件事情又被總經理察覺到了，所以才一直不肯升妳的職。我看妳還是去找她比較有用。」

原來艾瑪才是整件事情的幕後「黑手」蘇珊終於明白真相，但是又備感委屈，她當時並沒有針對艾瑪，只是就事論事，誰知道卻種下了如此禍根。但不管怎麼樣，為了自己的前途，她也只能去找這個幕後的關鍵人物去談談了。

於是，蘇珊找到艾瑪，說明來意，為當年自己的莽撞道歉，並表明當時確實沒有針對她的意思。艾瑪也很坦然，她說那麼多年的事早就不放在心上了，當初只是在家庭聚會中跟總經理小小抱怨了一下，誰知卻被總經理記在心上，以為她多麼記恨蘇珊。其實，她很快就找到適合的新工作，而且現在生活得很好。最後，艾瑪答應蘇珊去跟總經理說明，讓他別再為難蘇珊了。

事情終於得到圓滿解決，蘇珊也很快就升了職。

從這個事例中可以看出，如果你想圓滿完成事情，就要找對人，找到那個解決問題的關鍵性人物。當然，也許你會問，既然這個關鍵人物藏在幕後，那麼我又該如何將他找出來呢？

1. 慧眼識人，明辨關鍵人物

既然關鍵人物隱藏在幕後，就需要下一番苦功將其識別出來。以蘇珊為例，由於弄錯了幕後真正的關鍵人物，使事情進展陷入僵局，險些前功盡棄。這時候無論是誰來都沒用，因為他們都不是真正的關鍵，關鍵人物是早已不在這家公司，跟他們已經沒有關係的艾瑪。雖然她不管公司的運作，但是卻影響蘇珊的前途。由此可以看出，所謂的關鍵人物是指能夠在某件特定事情中給予有利幫助與照顧的人。只有明白這一點，才能夠順利通關，進入到下一個環節。

2. 跟進關鍵人物，不達目的不罷休

既然已經找到幕後的關鍵人物，就要投其所好，與其溝通。碰壁、遭到冷遇是辦事經常碰到的問題，只有用「不達目的不罷休」的態勢緊緊跟進關鍵人物，才能讓其為你「服務」，提供有效的幫助。

找對人辦對事是一門學問，沒有一定的技巧，找錯人是辦不好事的。因此，辦事前要仔細研究，誰才是幕後的關鍵人物？關鍵人物該如何找到？他最關注的問題是什麼？只要找對人，並與其建立良好關係，才能順利搞定事情，無往不勝。

找到真心幫助你的人

有些事情靠自己的力量無法搞定，所以需要幫手，可是那些看似有用的人卻會拆你台。所以，要找到真心幫助你的人，才能將事情辦成。

我一再強調要找對人，找能幹的人，找管事的人，找關鍵的人，這些人都是能促成事情的人，所以找他們準沒錯。不過，這也是有前提的，那就是這些人願意幫助你將事情做成。如果你找的這個人是當面一套背後一套，那麼他越「有用」就越能扯你的後腿。因此，你找的那個人，在確定能幫你辦事的同時，還得是個真心幫你辦事的人。

邁克是我的大學同學，畢業後一直做外貿生意。外貿生意說簡單也簡單，說複雜也挺麻煩。不管是出口或者進口都需要很多手續，這些手續將邁克搞得頭大，有時很長時間都沒辦法得到回覆，當然影響交易。所以，邁克上上下下找了很多人，希望能將事情儘快辦妥，他的手續都是符合章程、遵守法律的情況下完成的，只是為了讓流程能更快一些。可是邁克找的人好像對他的事心不在焉，表面上答應，可就是沒積極去辦。邁克將所有的方法都用盡了，還是不見成效。

無奈之下，他只好去找前一個任職的公司老闆討教。邁克原本覺得不好意思，因為老闆一直器重他，結果他卻當了「叛徒」，「單飛」去了。老闆大度量，不僅關切邁克的近況，還問他有沒有需要幫助的地方。邁克跟老闆說了自己的困境，希望能給他一些指導。

老闆聽後真誠地說：「你怎麼不早來找我，這件事包在我身上。那些人我熟，很快就能搞定。」

邁克聽後將信將疑，心想，自己「背叛」了老闆，他還能真心幫自己嗎？也許只是客套話而已。誰知第二天邁克才進辦公室，審批下來的材料就放在桌上。邁克立刻給老闆打電話，感謝他不計前嫌幫自己度過難關。

老闆說：「不計前嫌？邁克，你可別說這種話。我跟你哪裡有前嫌？當初我快要破產時，公司的員工都走光了，就剩你還對我不離不棄的，我感激你都還來不及，哪裡來的前嫌？就算你後來離開了，也是在我發達之後啊！每個人都有自己的理想，離開這件事情，你一點錯都沒有。我能幫到你，開心還來不及呢！」

邁克遇到一個願意真心幫助他的好老闆，所以不至於在事業剛起步時就沉入谷底，這是邁克的福氣。

當然，每一個人都有屬於自己的「福氣」，想要把事情做成，就該去找那些真心想幫助我們的人。這些人甚或對對我們抱有好感，所以才願意出力協助。而感激和好感要如何建立，就值得好好研究玩味一番了。

尊重為你辦事的人

美國詩人惠特曼曾說：「不尊重他人，就是對自己的不尊重」，尊重生命中出現的每一個人，是必須具備的處世態度。

求學時期，老師教育我們說：「人與人之間的交流是建立在真誠與尊重的基礎上，唯有尊重他人，才能獲得別人的尊重與信任。尊重他人不僅僅是一種態度，更需要付諸實際行動。」長大後走進社會，現實生活讓我學習到不少人生課程，使我明白不管何時何地都要尊重每一個人，尤其是為你辦事的人。

小思是一個剛到職的新人，缺乏實踐經驗的她，初入職場竟然連傳真機也不會用。

一天，上司讓小思去發傳真，她雖然面露難色，但還是硬著頭皮答應下來。「該怎麼用呢？」小思心裡七上八下，緊張得都快要哭了。「王姐，您能告訴我如何使用傳真機嗎？」小思鼓起勇氣向同事求助。王姐熱心教導小思，直到傳真順利發出。從此，小思對王姐敬重有加。而面對她這種求知欲強且懂禮貌的女孩，王姐自然在工作上給予扶持和幫助。

只有在日常生活和工作中注意到細節問題，才會讓尊重具有普遍性和社會價值。給予幫助過你的人尊重，不僅代表個人修養，而且還將感恩之情展示出來。

某電視台採訪一位知名學者：「你最尊重的人是誰？」

觀眾以為學者會回答恩師、父母之類，沒想到學者的回答竟讓人跌破眼鏡。學者說：「我最尊重的是給我送信的郵差。」看到在場眾人不解的表情，學者繼續說：「由於工作性質，我的信件很多。我經常在世界各地舉辦講座，在家的時間少之又少，郵差很難找到我。令我意想不到的是，這名郵差卻毫無怨言，找我要了一張我的日程表，盡可能在我不外出的時候送信件給我。另外，這名細心的郵差知道我有午睡習慣，他從來不會在中午時打擾我，而是犧牲個人下班時間加班工作。對這名郵差，我心懷感激，在此我想對他說一聲謝謝。」說完，學者起身對著攝影機深深鞠躬。

心理學家認為，人總是要以一定的距離來顯示自己的不同地位，這種距離感的產生，就是尊重的需要獲得滿足。

在人際交往中要承認彼此存在外顯的或內在的心理距離，應該尊重這種距離，不能輕易突破它，其中包含尊重他人的人格，他人的個性習慣，他人的情感興趣，他人的隱私等。

對所有的人來說，不管地位高低、貴賤，都能給予應有的尊重，把他們放在適當的尊重距離上，一個微笑、一句問候，都會為人際交往帶來信心和成就。

尊重為你辦事的人是一種積極的處世態度，從某種意義上來說，它能彰顯人格的力量。「尊人者，人尊之」，只有懂得尊重別人的人，才會是真正值得別人尊重的人。

求人要講究策略

——只有求人的策略正確，才能順利地促成事情成功。

《孫子兵法》中有「不戰而屈人之兵」的策略，也就是不經交戰，不使用武力就使對方投降，此所謂攻心之法。如果能在求人辦事時運用這種方法，是不是也能收到好的效果呢？

在《三國演義》中有這樣兩個故事：

曹操為了將徐庶拉到身邊為自己效命，就抓住徐庶是孝子，以此進行威脅。後來徐庶雖然來到他的身邊，但是心卻離曹操很遠；劉備三顧茅廬，前兩次碰壁。但是劉備不急不躁，繼續將禮賢下士的作風發揚光大。最終，劉備打動了諸葛亮的心，答應出山助他匡扶漢室。

現實生活中，找人辦事同樣如此，只有講究策略贏得對方的心，才算把事情圓滿完成。

在房屋仲介公司工作的琳琳最近遇到了一個難纏的客戶，這名客戶想購買一間房子，條件只有一個，那就是要求和自己現在所租住的地段一樣，能夠眺望遠處風景。

一開始，琳琳認為這並非難事，財神爺主動送上門來，簡直是天大的喜事。隨著琳琳篩選房屋來源的工作越來越多，她頭上開始冒出冷汗。以客戶的條件，找到一處能夠眺望遠處風景的房子簡直太難了，也就是說客戶現在所居住的地方是獨一無二的。

如果直接把找不到房子的事告訴客戶，不僅損失一大筆生意，弄不好還會惹客戶生氣。這該如何是好呢？

琳琳來到客戶的住處，裝作不經意地詢問：「這間房子您有什麼不滿意的嗎？」客戶回答：「沒有，只不過稍微舊了一點。」琳琳繼續說：「您家的兩個孩子都是在這裡出生的吧！」「是的，我兒子和女兒都是在這裡出生的，他們都很優秀。」提及孩子，身為父親的客戶眼睛裡放出慈愛的光芒。「那麼，您有沒有想過，繼續居住在這間房子裡，將這溫馨的氣氛永遠保留住呢？」

經過琳琳一番勸解，客戶想了想自己確實沒有換房子的必要，於是爽快地購買下當時所居住的房子。

琳琳之所以能做成這筆生意，就在於她抓住客戶念舊的想法，並且巧妙地運用「攻心法」解決了這個問題。

這裡所說的攻心法，只不過是辦事的一種謀略而已，其涵義是指：「你不僅需要準確瞭解對方的內心世界，而且還要在此基礎上打動對方，並進一步征服對方的心，使對方信你、敬你、服你、愛你，甘心情願為你效力。」

通常情況下，一個心態正常的人希望遇到怎樣的請求者呢？

根據心理調查分析，被請求者和請求者的企圖和要求主要有以下四個心理層次：

1. 追求安全

被請求者喜歡光明磊落之人，只有這樣，心裡才會產生安全感。

2. 追求溫暖

如果被請求者能訴說自己的疾苦，期望對方體諒自己所遇到的難處，就能在情感上打動被請求人。

3. 追求依賴

請求者只有讓對方十分信任自己，對方才會讓你擔當一些重要的事。

4. 追求一致

被請求者希望請求者和自己的思想一致，只有這樣才會心甘情願為其提供便利條件。

老練的求人辦事者一定會對以上四個心理層次瞭若指掌，並能針對特定人群和特定的心理感受投其所好。正是因為找對策略，採取不同的攻心謀略，事情自然可以順利辦成。

找到能夠辦事的那個人

有句話說：「縣官不如現管」，職位的高低並不能決定事情的成敗，想辦成一件事，直接找管事的人會快速有效得多。

很多時候，以為要把事情辦成，找的人職位越高越好，因為「分量」擺在那裡，似乎沒有人敢不聽。這種說法不無道理，因為一個管事的屬下自然會對不管事的上司忌憚三分。但往往在更多時候也只是忌憚而已，我們完全不能排除你找的這個「官位」很大的人，不想越權傷害屬下，或者這個管事的屬下不願意看上司臉色，故意陽奉陰違。既然想要辦成事，就應該找對人。這時候，找管事的自然比找官大的效果要好得多。

我的朋友詹思凡最近十分苦惱，公司要更換一批電腦，這個採購任務落到他的身上。

詹思凡經過幾天的考察，發現某個品牌的電腦價格相對高了些。於是，他試著以集團採購的名義向電腦公司申請降低價格。他來到第一家電腦公司，剛一進門，就被櫃台工作人員攔下來，詹思凡向其表達清楚自己的來意後，櫃台小姐以「沒有預約」為由將他拒之門外。

隨後，詹思凡費盡腦汁找到這家電腦公司老總的電話，可是老總還沒等他把話說完，就說了：「對不起，我正在開會，改日聯繫。」便匆匆掛斷電話，從此杳無音訊。

究竟是哪裡出了差錯？詹思凡百思不得其解。為了能順利完成任務，他向採購部的老員工請教。老員工聽了他的訴說，並沒過多指點，而是反問了一句：「你找到真正管事的人了嗎？」

聽完這話，詹思凡如醍醐灌頂般醒悟過來。自己費盡周折打聽到電腦公司老總的電話，自認為老總是公司裡管事上位者，但是他沒考慮到，銷售工作最有發言權和決策權的其實是銷售部經理。

詹思凡連忙向老員工道謝，隨後，他與電腦公司的銷售經理進行聯繫和溝通，對方對詹思凡這個客戶很感興趣，竟然主動要求降價，促成這筆買賣成交。詹思凡目的達到了，而且再也沒有犯過類似找「縣官」不找「現管」的錯誤。

「縣官不如現管」，這個道理不用說大家也都明白，只不過，很多時候人容易被表面現象所迷惑，常常將「權力」的分量看得過重，把權力的大小當成事情成敗的關鍵，所以常出問題，多走了些冤枉路。其實，官大的人未必有真正的決定權，而且未必會幫助到你。試想，你找一個職位高的人去給管事的屬下施加壓力，不但傷害對方的自尊，你還指望他會心甘情願地為你盡心做事嗎？不給你耍點小手段製造小障礙，已經是手下留情了。

聽懂言外意、話外音

言外意、話外音，就是人們常說的「話裡有話」。這一現象在生活和職場中普遍存在，而聽懂言外意、話外音已經成為人際溝通的必備技能之一。

跟人打交道，善聽弦外之音，又會傳達言外之意，是最奧妙的人際關係操縱術。在社交中，精於世故的人大多擅長話裡有話，一語雙關，「高明」的小人也喜歡暗藏玄機。聽話者必須弄明白這些人的真實意圖，方能恰當應對。

最近，我在上網時看到求職網上做的一項調查，調查結果顯示，在近兩千名受訪者中，超過九成的職場人使用過或遭遇過「言外意、話外音」現象。因此，身在職場一定要學會聽話、聽懂話。

1. 一定要聽清楚老闆的話外音

Allen在一家健身房任教練，這家健身房規模很小，健身教練往往身兼數職。自工作以來，Allen很少準時下班。年末，他找到老闆談了一次話，目的只有一個：如果繼續留用他，就得給他適當加薪。

老闆先把健身房未來幾年的發展和規劃描繪了一番，還把一些預算和贏利都和Allen透露了。隨後，老闆和善地說：「Allen，我看好你，你工作很賣力。好好做，我自然不會虧待你。」

談話完畢，Allen滿心歡喜等待加薪的消息。可是一天過去了，兩天過去了，Allen又拼命做了大半年，老闆依然隻字不提加薪。

Allen醒悟了，原來老闆那句話的話外音就是：「你是我培養出來的，我的員工必須好好幹活，加薪免談。」

• **分析**：Allen向老闆提出加薪，老闆先是將健身房未來規劃透露給他，目的就在於告訴他健身房日後會有很大發展，如果現在離開，你會後悔。之後，老闆大大誇獎Allen一番，言外意就是「雖然我很欣賞你，但是加薪的事情我還要考慮。」老闆的「話外音」是最具職場屬性的，多半會涉及加薪、升職、績效考核、裁員等一些敏感話題。此時，「言外意」的形式以激勵、試探居多。這時的你不要被表象迷惑，應該進一步提出你的要求，並且要得到老闆的明確回覆。

2. 聽懂客戶「話外音」，讓工作順利進行

為了和客戶搞好關係，吉米送給客戶一瓶昂貴的香水。客戶收到禮物後，打來電話說：「謝謝你，但是公司有規定，不能私下收取禮品。」於是，客戶又託人把香水送了回來。

開始，吉米以為對方原則性極強，便不再用禮物來拉攏客戶。可是有一天，吉米發現一個同事和客戶的關係有了突飛猛進的進展。這是怎麼回事？

原來，這個同事得知客戶十分喜歡品酒，特意從法國買回兩瓶上好的紅酒送給客戶，討得他的歡心。

這時的吉米傻眼了，他明明說不能私下收取禮品的，這究竟是怎麼回事？

・分析：客戶將香水退給吉米，說：「不能收取禮品」包含兩層意思：一層是公司的規章制度很嚴格；另一層意思就是說，「我不喜歡香水，能不能送點別的禮物？」吉米沒有聽懂第二層意思，認為客戶是恪守原則而將禮物退回，於是讓同事有了「可乘之機」。

可以說又不明說，暗藏潛台詞、欲言又止是客戶話外音的主要方式。做個有心人，懂得察言觀色就會事半功倍。

一般人的普遍特點是含蓄，特別是在講話時，總以迂迴委婉方式把話說出來。那麼，如何聽出「弦外之音」呢？以下是專家給的幾個小技巧：

1. 當對方談話的語氣突然改變時，你要留意是否有話外之意。
2. 對方的個別音調加重時，要仔細揣摩是否有什麼意圖。
3. 當對方故意做出暗示的肢體動作或特殊表情時，你要弄清楚他的意思。
4. 當對方突然停止談話，你要領會對方的用意。
5. 當對方認真地看著你，並將一句話重複著說時，一定含有弦外之音。

6. 談話結束時，仔細觀察對方有無特殊的舉止。
7. 散會前對於對方最後的幾句話要特別留心。
8. 對方想插話，欲言又止，你結合自己剛才的言語要推斷出他想說什麼。
9. 當你不經意的言語引起對方注意時，你要做事後猜測。
10. 對方欲言又止，必要時你可追問後面的話。

話外音、言外意是一種含蓄而又間接的溝通技巧，只有讀得懂、弄得清，並能巧妙地回應，你才會成為交際高手。

做好遭受「冷遇」的準備

求人辦事，碰壁是常事，有些人一受到「冷遇」（冷對待、冷待遇）就會情緒低落，心情不佳。如果在辦事之前做好充分準備，那麼事情的發展將會是另一番模樣。

我接觸過一些人，害怕遭別人的冷遇，便認為求別人幫助時遭到拒絕，是自己無能的表現，顯得有些丟臉。事到臨頭，由於臉皮薄，該開口的不開口，該要求的不要求，該批評的不批評，該拒絕的不拒絕，結果失去大好時機，犧牲了利益。

關於傳奇人物艾柯卡，廣泛流傳著這樣一個故事：

二十世紀八〇年代，福特汽車公司總經理艾柯卡因為遭到小人的妒忌和猜忌被老闆炒魷魚。面對沉重的打擊，艾柯卡沒有選擇消沉下去，而是立志要開創一片屬於自己的天地。面對數家優秀企業的挖角，他都委婉拒絕。經過仔細篩選後，他來到瀕臨破產的克萊斯勒公司，擔任公司總裁。

到任後，他準備大刀闊斧地整頓。首先，艾柯卡以產品品質、生產能力、市場占有率和營運利潤等因素為基礎來決定紅利政策。若主要管理人員達不到預期目標的話，25%的紅利就扣除；另外，公司身陷困境，管理階層必須減薪10%。

這一政策發出，公司裡出現兩種不同聲音，有人贊成，有人反對。其中元老級的員工反對得異常厲害，他們認為自己的利益遭到損害。為了讓政策如數實施下去，艾柯卡冷靜對待，並且率先宣佈：「從今以後，我每年的年薪只有一美元。」

整頓完內部後，艾柯卡四處遊說，目的就是為了爭取政府的貸款協助。一次，艾柯卡由於過度勞累，眩暈症突然發作，他昏倒在國會大廈的走廊中。為了公司的發展，為了能將貸款的事情處理成功，他毫無怨言，默默的承受。

經過不懈的努力，艾柯卡終於主導克萊斯勒公司走出困境。一九八五年，公司竟創造了淨利五億美元的奇蹟。從此以後，艾柯卡成為美國傳奇性的人物。試想，如果艾柯卡遭到員工和國會的冷遇就心灰意冷，那麼這家公司將不會存在。

透過艾柯卡的故事，我不禁聯想到每個人的處事方式。人與人之間的相互幫助是生存和生活的必然過程。但是，出於種種原因，找人辦事遭到「冷遇」也屬於常態。要找人辦事、學會求人，薄臉皮可是不行的。有一個眾所周知的辦事道理，那就是要擁有良好的心態。如果一個人不能控制自己的情緒，求人碰壁之後變得沮喪，從此恐懼與人交往，與人處事，這將是一件非常失敗的事。

人的臉皮有薄厚之分，自尊心也有強弱之別。有些人臉皮薄，把面子看的高於一切，別人稍有一點冒犯，要嘛火冒三丈，進行反擊，要嘛拂袖而去，從此結仇。這樣的人常為面子吃盡苦頭，不僅讓交際難以成功，還會使自己的心理承受力越來越脆弱。有的人卻恰恰相反，臉皮真正勝過銅牆鐵壁。為了私利，不惜出賣個人尊嚴、突破道德底線，厚顏無恥到了無以復加的程度。

其實，為人處事若無自尊，臉皮太薄，不行；臉皮太厚，也不好。正確的方法是根據實際情況隨時調整，應當厚時就要做到厚臉皮精神，應當薄時要做到自尊自愛，把握好這一適度原則，在社交場中就能靈活自如的應變。

知己知彼，才能掌握主動權

在找人辦事之前，要對對方情況有客觀瞭解。只有做到知己知彼，才能讓事態朝向有利的方向發展。

俗話說：「找人辦事要採取不同的策略和手腕」，仔細一想，果真這麼回事。想必你和我一樣，都有過找人辦事碰壁的經歷，究竟哪個環節出現錯誤？現在一想，從事情的開端就出現偏差，沒有做到「知己知彼」，放著坦途不走，專門走磕磕絆絆的歧路，事情自然辦不成功。

傑森的一位老同學是電腦代理商，他想換一台電腦，於是找上這位老同學。

經過一番寒暄後，傑森提出想透過關係買一台便宜的電腦，老同學開始撓頭了。短短十分鐘，這個同學竟然找出十餘條理由推辭，意思只有一個：幫不上忙。

傑森和老同學分別後，越想越氣，回到家便和老婆發起牢騷。

聽了老公的話，老婆想了想，問：「你知道他的近況嗎？」

「買台電腦有必要瞭解那麼多嗎？」傑森反問。

老婆用手指嬌嗔地點了一下老公的頭，說：「你這個木頭，這麼點事他就推三阻四，其中肯定有緣由。」

聽完老婆的話，傑森拿起手機向其他同學打探消息。原來，這位老同學幾年不見，已經從業務員提升到銷售主管了。傑森找他辦事，他找出各種理由來推辭，只不過是想擺擺架子，打打官腔。

弄清楚之後，傑森再次找到老同學。他先是對老同學的升職提出祝賀，然後才把自己買電腦的想法再說一遍。老同學聽完後，拍了一下大腿，說：「這點小事，包在我身上。」就這樣，傑森如願買了一台性能超值的電腦回家。

所以，找人辦事前最好先摸清底細，然後「對症下藥」促成事情達成。

1. 對方若是兩面人，要小心謹慎從事

找人辦事時，免不了會碰到這樣的人，他當面口口聲聲答應，轉眼就不認帳了。如果你事先摸清這一狀況，那麼在跟對方處理事情的過程中，儘量不去得罪他。與這樣的人處事，要謹防被他的別有用心利用，謹慎地劃出一條界限，除了原則性問題，正當的要求盡力給予滿足，讓他的自尊心、榮譽感有所體現。只有透過這種方式促使其良知發現，才可以利用他為自己辦事。

2. 與態度冷漠的人辦事，要拿出十二分的熱情和耐心

如果你找某人辦事，他表情面若冰霜，雖然你心裡不是很自在，也有不舒服的感覺，但出於辦事需要，不得不與之來往，那麼，在這種情況下，你要拿出更多的耐心來與之溝通、交往。花些時間仔細觀察，注意他的一舉一動，從他的言行中，找出他真正關心的事來。

當今社會講究人際關係，要想立足，就要充分瞭解辦事的人的喜好。花時間充分瞭解對方，知曉他的優勢和劣勢，才能調整自己處事策略，最終獲得成功。

切莫錯失良機

培根說：「只有愚者才等待機會，而智者則造就機會。」只有抓住稍縱即逝的機會，才能讓自己到達成功的彼岸。

關於時機有這樣一個著名的案例：

一九四四年的一天，英美聯軍攜手作戰，準備橫渡英吉利海峽，在法國諾曼地登陸，開闢反法西斯的第二戰場。

為了確保登陸萬無一失，英美聯軍投入大量的人力、物力。可是事與願違，當他們將一切都準備妥當後，偏偏天公不作美，下起了暴雨，狂風激起巨浪拍向海岸，已經入海的數千艘船隻只得退回來。

一天又一天過去了，聯軍的將領心情十分焦急。某天，氣象專家根據資料分析，三個小時後大雨即將停止，三十六個小時後天氣就會轉晴。然而這一切只是推測，誰也不知道第二天的天氣會怎樣。基於這種狀況，空軍司令懷特不安地提醒總司令艾森豪說：「還是慎重考慮一下吧，如果天氣依然惡劣，會有全軍覆沒的危機。」

艾森豪說：「機不可失，錯過這次，也許再也沒有恰當的登陸時機了。」他斬釘截鐵地向海陸空三軍下達橫渡英吉利海峽的作戰命令。下令的同時，他親手寫下了「我決定在此時此地發起進攻，是根據所得的最好情報做出的……如譴責此次行動或追究責任，應由我一人承擔」的話語。

事實證明，艾森豪的決定是正確的，僅僅一天時間，聯軍的十五萬士兵就順利登陸諾曼第，為開闢第二戰場奠定堅實的基礎。

這個故事給我留下深刻的印象，在現實生活中，人人都可以成為艾森豪，只要抓住機遇，就能將事情辦妥，將人搞定。

為人處世是一門深厚學問，需要用雙手去創造、把握、贏取，只有把握機會，才能獲致成功。

某個小村莊，住著一位非常虔誠的牧師。幾十年來，他一直兢兢業業地照顧村裡的每一個人。

然而，天有不測風雲。一場突如其來的大雨，一連下了半個月，河裡的水位暴漲，將村裡的房子都淹沒了。渾身濕透的牧師，打著哆嗦爬上教堂的屋頂。這時，遠處來了一條船，船上有個人對著牧師喊道：「牧師，快上船吧，我來救你了。」

牧師看了看這個人說：「你走吧，我真誠地信仰上帝，我是他虔誠的僕人，上帝會來救我的。」

那個人只好划船走了。又過了兩天，水位更高了，牧師只好爬到教堂頂端的十字架上。這個時候又飛來了一架直升機，飛行員大聲對牧師喊道：「牧師，我放下吊索，你緊緊抓牢，我會救你到安全地帶的。」

牧師看了看飛行員說：「我相信上帝會來救我的，你走吧。」

直升機飛走後，大水很快就吞沒了牧師。

牧師死後來到天堂，他非常生氣地質問上帝說：「幾十年來，我一直是您虔誠的教徒，一直都不敢違背您的旨意行事，可是您怎麼能眼睜睜看著我被淹死呢？」

上帝望著他說：「我可憐的孩子，我曾經派過兩個人去救你，一個船員，一個飛行員，可你都錯過了。」

牧師的遭遇彷彿訴說，機會不會自己送上門來，要靠自己去抓、去把握。這也要求人們在開始做事之前就要尋找時機、抓住時機。

當今社會正處於一個快速轉型的時期，在這種變動的環境下有的人抓住機遇，積攢人脈，順利成事；有的人卻形單影隻，一事無成。創造機遇的人是勇敢的人，等待機遇的人是懶惰的人，失去機遇的人是愚蠢的人。在漫漫人生路上，只有把握機遇才能成就自己。

背後鞠躬好處多

懂得感恩，內心才會獲得一份充滿堅韌和幸福的寧靜。而學會背後鞠躬，則會讓你獲得意想不到的超高人氣。

人際關係是每個人都不可避免的，誰都希望能夠獲得別人的好評，無論走到哪裡都能左右逢源，處理任何事都遊刃有餘。也許有人會說：「別傻了，這怎麼可能呢？人沒有十全十美的，怎麼會有人一直讚賞你、誇獎你、配合你呢？」你別不信，在這裡我告訴你一個與人交往的祕笈，那就是學會「背後鞠躬」。它的妙處在於，既能讓你避免當面讚美、感激帶來的阿諛之嫌，又能讓別人對你的感恩之情心悅誠服，還能讓你獲得來自四面八方的青睞和好感，可謂一舉多得。

我的朋友艾雯是公司裡的「人氣女皇」。每次聽到這個稱呼，艾雯都會謙虛地說：「哪裡，哪裡，過獎了。」其實，她心裡就像吃了蜜一樣感到溫暖。為什麼同事和客戶都這麼喜歡她呢？艾雯用的正是這一招——背後鞠躬。

初進公司時，艾雯就碰到了一個難纏的客戶。同事見艾雯是個新人，就把這個「燙手的山芋」扔給她。看著同事鬆了一口氣，坐在一邊躲清靜兼看好戲的樣子，艾雯在心底告訴自己：「看著吧，我一定拿下這筆生意給你們瞧瞧！」在談生意時，不管客戶如何刁難她，艾雯的臉上始終保持甜美的微笑。而且一有合適的機會就對別人說：「謝謝那位客戶的指點……他是前輩，值得我學習的地方太多了……多虧他的批評，讓我進步很大……」

久而久之，客戶知道艾雯在背後發出的讚美聲，便爽快地簽了好幾筆生意。這個時候，同事們只有「羨慕嫉妒恨」的份了。

難道艾雯有什麼超凡的本領嗎？當然不是，只是艾雯瞭解人都有這樣的心理：「為了讓他人的印象和評價跟自己所期待的形象相符，就會自覺調整言行舉止。」為了跟艾雯誇讚的形象相符，客戶不自覺地順著艾雯的意願去做她眼裡的那一種人，並成全了艾雯。說白了，艾雯簽約成功只不過是感恩的正面效果，再加背後鞠躬的奧妙，才征服了這個被別的同事認為是很難搞定的大客戶。

背後鞠躬的好處早就被人際交往心理學所證明，是有科學依據的。如果當面讚美別人，難免會有恭維的成分，甚至會沾染上奉承的色彩。背後鞠躬則不然，把你發自肺腑的感激之情透過第三者傳遞，善意和友好的意圖就成幾何倍數增長，自然更容易讓人相信和接受。

從心理學角度看，背後鞠躬有以下好處：

1. 加深和驗證「相悅定律」

相悅定律無非就是誰喜歡你，你就會對誰有好感。反過來，你對誰有恩，對方也會真心回報。感恩的人如果懂得背後鞠躬，那麼，「被鞠躬」的一方就會反過來感激你，最後達成雙方的「相悅」，而「相悅」產生的「副產品」往往好得出乎想像。

2.「背後」的方式，可以順利繞過對方心理防衛區

不管你承認與否，人出於本能都會在內心築起防衛區。如果別人將你的恩情一直掛在嘴邊，你的內心就會對此產生排斥，認為他的誠意不夠，甚至是無事獻殷勤。但如果某些正面資訊是從其他人口中獲得，心理防備就會鬆懈，自然就不會懷疑其可信程度。

處理人際關係，人才是重中之重，如果搞定了人，那麼事情自然就會迎刃而解。在生活和職場上，如果能掌握感恩和背後鞠躬的交際方法，自然會迎來人際關係的另一個春天。

第5章

搞定人

千人千面，千種手段

搞定人的祕訣是：「經營人際，利用人力，成就人氣。」
只要合理運用這一交際祕訣，個人的力量就得以發揮，最終成就人生。

對立解決不了問題

面對不同的人和事，步調保持一致是不可能的。如何才能在不同看法和觀點的對立中辦妥事情？那就是順著事態發展的方向提出見解，而不是選擇對立。

「我被開除了。」大衛垂著頭對我說。

得知這一消息，我一點也不吃驚。依照大衛的性格和處事方法，被炒魷魚早在意料之中。

以工作為例，大衛的做事能力不可否認。但是，他經常不識趣地和上司對嗆，有時甚至鼓動所有員工一起和上司唱反調。

「想知道你為什麼被炒魷魚嗎？」我問大衛。

「老闆小心眼！」看來，他還是沒有認清自己的錯誤。

在交流的過程中，人人都有不同的見解和觀點，這樣一來，免不了就會和別人「撞車」。特別是面對上司時，出現矛盾，如果選擇對嗆簡直就是引火焚身。但是選擇逃避和放棄也不是明智的作法，不如嘗試這樣做：

1. 不和主管對嗆，委婉搞定事情

也許你會說，不和主管對嗆，不就等於要言聽計從嗎？此話非也。這並非代表放棄自我，而是採取迂迴方式，慢慢將主管說服。

「這個週末加班，誰都不准請假！」老闆又一次下達「霸王條令」。

「啊？又加班？煩死了。」員工敢怒不敢言，只能在下面小聲抱怨。

老闆脾氣火爆，有一次，一名員工頂撞了他，當場就被開除。所以，即使大家心裡有萬般不滿意，還是得忍氣吞聲，聽之任之。

聰明的小昭則不然，她想出一個好辦法。小昭對老闆說：「老闆，完成工作是

每個職員應盡的責任。可是，您身為老闆每天都要處理繁忙的事務，如果週末再陪伴加班，大家真怕您的身體吃不消。」

聽著小昭「關心」的話，老闆想了想，說：「最近我身體是不太舒服，週末大家也都休息吧！」

聽完老闆的話，大家心中都在竊喜，只見小昭背著老闆調皮地向大家眨了眨眼睛，用嘴型對大家說：「搞定了！」

2. 和同事、朋友相處，不搞對立是搞定事情的竅門

所有人每天都會和不同的人打交道，如果朋友、同事不同意你的看法，該怎麼做呢？我先不回答這個問題，先看一看瑪麗的作法，你就會有明瞭解決問題的方法。

這是一件非常小的事情，但能以小見大：瑪麗十分癡迷攝影，為了購買一套專業的攝影設備，瑪麗省吃儉用大半年。當存在銀行裡的錢終於可以買到夢寐以求的設備時，同事、朋友卻紛紛向瑪麗潑冷水，說：「辛苦攢下的錢就為了買一部不能吃、不能穿的相機？不划算，還是不要買了。」「瑪麗，錢要用在刀口上，這些錢

還是做應急之用比較穩當。」

瑪麗知道朋友和同事都出於善意，可是不買，違背自己的心願；買，又會讓大家認為自己不聽勸，弄不好傷害感情。怎麼辦呢？

瑪麗先是去向館租了一套攝影設備，抽出一天時間為同事、朋友義務拍攝。當漂亮的照片洗出來後，大家紛紛稱讚瑪麗有攝影天賦。於是，阻攔的聲音消失了，瑪麗如願以償買回了自己想要的東西。

為人處世需要一點技巧、一點謀略，如果遇到問題就劍拔弩張，不但會將事情搞砸，還會讓人際關係陷入僵局。找對思路，換種作法，委婉說服對方取得事情的成功是一種智慧的表現。還等什麼？你也試試看吧！

用對方的觀點說服對方

每個人的想法都不一樣，辦事所涉及到的人也各有不同。如何才能讓事情順利進行？用對方觀點說服對方是個萬全之策。

辦事「碰壁」的經歷你遇到過嗎？想必遭冷遇和拒絕的滋味不好受吧。雖然不樂意接受，可是這種狀況卻時常發生。究竟是問題棘手還是對方不合作呢？在回答這一連串疑問之前，我先要問問你，你求人辦事的理由是否充分，觀點是否站得住腳，能否說服對方？經過一段時間的摸索和實踐後，我總結出這樣一個訣竅：用對方的觀點去說服對方。

說服對方做一件事情卻遇到阻礙，該怎麼辦？如果在這個時候能透視對方，根據言談舉止等細節洞察其真正意圖，然後儘量順應他，甚至搶先一步將他的觀點表達出來，促使他打開心扉，說實話、辦實事，就能把要辦而未辦的事解決了。

家康為人熱情大方，善於和各種人打交道。最近，他剛剛跳槽到另一家公司，面對人生地不熟的狀況，他在心底暗想：「如何才能得到上司的認可？」經過一番調查後，他心裡有數了。

一次，上司將某項工程外包給另一家公司，觀點是「公司忙不過來，不如分杯羹給別人。」上司剛宣佈決定，底下的人就議論紛紛，有人認為上司徇私情，將可以獲得高利潤的分內事讓給別人。

基於這個外包決定，公司內很多員工都找上司「理論」，希望他能改變決定。無奈，每次「理論」的結果都只有一個，那就是被冠冕堂皇的理由拒絕。

家康冷靜思考一段時間後找到上司，他的方法跟別人不同，並沒用大多數人所使用的觀點來說服上司，反倒認同了「公司忙不過來，不如分杯羹給別人」這一觀點。他的作法令在場人士跌破眼鏡，會場內頓時響起不認同的聲音。家康並沒有在意旁人的舉動，而是繼續用這個觀點和上司展開討論。他說：「我們是一家大公司，分給別人一杯羹並不為過。但是，這個項目不僅利潤大，而且還是製造聲勢的好機會。如果能借此機會打響公司的品牌，將有利於企業的發展。到了那個時候，自然會分很多杯羹給別的公司，並且幫助他們壯大。」家康的一番言辭讓上司啞口無言，經過他的分析，上司「分杯羹」的觀點雖然沒錯，但是顯得不合時宜。最終，上司接受家康的建議，並宣佈收回先前的決定。

一時間，上至公司元老，下至職場新人都為家康睿智的處事方法深深折服，眾人豎起大拇指說：「你用上司觀點說服上司，這個辦法真棒！」

利用對方觀點來說服對方，是一門高超的處世藝術，但要注意以下幾點：

1. 冷靜分析對方觀點的利弊

任何事物的正反兩面都是相互依存的，既然有利，那麼也會存在弊端。只有規避其弊端，合理分析觀點，才有可能將對方說服。

2. 保持不卑不亢的態度

說服對方時，即便在對方的觀點上掌握充足的理由，也要保持合理的態度。其一，不可過於謙卑。這容易讓對方產生高高在上的感覺，使自己的觀點變得無力。其二，不可過於強硬。如果你堅持使用強硬的態度，哪怕言語說服力再強，也會讓對方感到厭煩，容易產生逆反心理。

正確的態度是不卑不亢，冷靜地「以其人之道還治其人之身」，用他的觀點這個「矛」去攻擊他的「盾」，讓他認同你的觀點。

看來，如果想順利「擺平」一件棘手的事，搞定人才是重點。遇到「難纏」的對手，硬來是行不通的，改變思路學會「智取」才是王道。

不要碰別人衣櫥裡的骷髏

在紛繁複雜的人際關係中，人們相處起來並不容易。但是，只要懂得與人相處的方圓藝術，不輕易觸碰對方的底線，就能左右逢源、八面玲瓏地處理各種難以搞定的事情。

「每個人的衣櫥裡都有一具骷髏」，每個人的心中都有一個不想被別人觸探的角落。這塊印有專屬標記的私人領域，即便對方是親密無間的好友或者用情至深的情人，你也不願意對其徹底開放。所以，請抑制住自己的熱心和好奇心，別人的底線一定不要去碰，如果你想越過雷池，就如同伸手去摸別人衣櫥裡的骷髏，不僅自己會受到驚嚇，也會冒犯到對方。

那麼，如何才能做到不去觸碰別人的底線呢？

1. 敏於事而慎於言

「敏於事」，顧名思義就是應該做的事立刻去做；而「慎於言」則告誡你，不該說的話萬萬不可說出口。

「你們知道嗎？這次晉升名單中不但沒有Leo，而且他還有可能被降職呢！」一大早，「多嘴」的Megan就對辦公室的同事公佈了這一重大消息。

「真的嗎？」同事顯然不太相信。

「據可靠消息透露，Leo因為一個專案問題頂撞董事長，董事長對他的作法十分不滿。」Megan滿臉驕傲地說，她在為知道了別人都不知道的事情而感到興奮。

「那Leo真是太可憐了。」同事們紛紛為Leo打抱不平。

正在這時，Leo走了進來，恰巧聽到同事們的議論。此時的Leo惱羞成怒，立刻與Megan發生激烈的言語衝突。

暫且不去想像Leo和Megan日後的關係如何，光是Megan的這一舉動，就已經知道她的人氣一定會不斷「下滑」。

2. 不觸及對方的短處

俗話說：「打人不打臉，揭人不揭短」，人人都有不希望被他人觸及的短處，因此，越是親密的關係越要懂得尊重對方。

佳佳身材矮小、體態較胖，走路的姿勢也不優雅。一天，朋友莉莉在街上看到佳佳，就打趣說：「妳看看妳，像隻搖搖晃晃的笨鴨子。」開始，佳佳沉默不語，尷尬地笑了笑，可是心中很難過。過了一會，莉莉繼續說：「妳呀，趕緊減肥吧。哦，不對，減了肥身高也不能改變，妳註定要當一輩子笨鴨子了。」說完，莉莉哈哈大笑起來。

這一笑不要緊，佳佳心中的小宇宙熊熊燃燒起來，一場爭吵就此拉開序幕。從此以後，佳佳切斷和莉莉的任何來往，曾經的朋友變成了陌路人。

莉莉犯了為人處世的大忌，那就是用利器去攻擊他人心底最柔軟的地方。俗話說：「金無足赤，人無完人」，是人都有自己的缺點或短處，換角度思考一下，如果有人刺痛你的自尊，心中的滋味必定不好受。所以，不去觸及對方的短處也是尊重對方的一種方式。同時，也要明白這樣一個道理：尊重他人，也是尊重自己。

3. 不要隨意觸碰別人的隱私

每一個人都有自己的祕密，在這個祕密花園裡，很少有人願意讓外人走進來。硬闖他人的私密領地，無疑是在向對方示威，最終讓對方充滿敵意。

文靜的海倫一反常態，在辦公室內與艾米發生爭執。她們兩人不但是同部門的同事，而且住在同一個社區。一天，艾米神祕兮兮地對同事說：「海倫的老公另結新歡，我們住的社區有人看到了。」看著艾米「八婆」的模樣，有的同事善意地提醒說：「還是不要議論別人的家事，大家先忙手上的工作吧。」沒想到艾米不屑地撇了一下嘴，說了聲「真沒勁，狗拿耗子——多管閒事」說完，又去其他部門傳播這條小道消息。

沒多久，這條帶有隱私的「新聞」就傳播得沸沸揚揚了。海倫終於忍無可忍，來到艾米面前進行質問，這就有了開頭發生爭執的那一幕。

令艾米沒想到的是，所有的同事都「偏向」海倫那一方，紛紛指責艾米背後議論他人家事的錯誤作法。艾米「委屈」地哭了起來，她問道：「我真的做錯了嗎？我究竟做錯了什麼？」

這時，公司一位好心的前輩對她說：「每個人都有自己的祕密和隱私，尊重別人的隱私是對人最起碼的尊重，同時也體現了自我的修養。而你最大的錯誤就是觸犯了海倫的底線，冒犯了她的尊嚴。」

經過前輩的批評和指點，艾米終於認識到自己的錯誤，除了及時向海倫道歉外，也為自己上了人生中重要的一課。

人際關係是複雜的，如果你喜歡試探別人的底線，並且「越線」，最終吃虧的是自己。其實，學會為人處世並不是一味圓滑，而是成熟。如果懂得遠離別人底線，相信你的人際關係會處理得更好。

守口如瓶才能獲得信賴

謹言慎行是交往過程中必須恪守的準則，不該說的話不說、管好自己嘴巴的人才是真正聰明的人。

很多人都對我說過這樣一句話：「人際交往全靠一張嘴。」先不去討論這個觀點的對錯，斷章取義地看這段話，不難發現，嘴巴竟然有這如此重要的地位。

誰都不能否認，言語在人際交往中助你一臂之力，使你一敗塗地。因此，溝通時要分清楚什麼話該說什麼話不可以說，在某些時候，更要學會守口如瓶。

不要以為對方和你談心，態度親密，你就可以暢所欲言，將別人的事情和心中的祕密一股腦脫口而出。有的時候，對方很友好地跟你「談心」時，往往是考驗個人人品的時候，這時，借機對別人說三道四是萬萬不行的。

王小青剛入公司不到三個月就接到通知，要她陪同頂頭上司出國參加某項培訓。看著上司對自己如此器重，王小青感到萬分激動。

培訓之餘，上司會和王小青一起聊天。看著上司沒有擺出主管的架子，王小青便把上司當作朋友看待。

一次聊天，上司不經意說：「妳是棵好苗，我打算好好培養妳。妳比王某有悟性，從辦事方式和態度就看出將來有所成就。只要肯努力，前途不可限量。」

聽到上司對自己的評價這麼高，王小青有些忘乎所以，她說：「謝謝您的肯定，說到阿強，我也覺得他缺點很多。他做事拖拖拉拉，責任心不強……」還沒等王小青說完，上司竟然中斷了話題，頭也不回地走了，王小青一時間感到莫名其妙。

培訓結束後，王小青有意無意地討好上司，但是上司卻對其視而不見。

一天，王小青終於忍不住了，她決定向上司問個究竟。

上司對她說：「妳剛到公司，很多人事都不是很瞭解，隨意評論其他員工的作法在公司是絕對禁止的。首先，妳是新人，應該謙虛學習，公司裡的每一位同事都是妳要學習的對象，妳有自己的長處，他人也有優點。其次，妳到公司才三個月，就開始對其他同事指指點點，這樣會擾亂辦公室的工作秩序。」此時的王小青欲哭無淚，她萬萬沒想到，幾句話竟然引起如此大的反作用。

透過這件事情，王小青得到教訓，過了半年，她被調到其他部門。在這個部門裡，身為祕書的王小青知道部門主管很多公事與私事。

為瞭解更多內幕，一些員工找上王小青，打算從她嘴裡獲得想知道的資訊。王小青秉承不該說的話不說的原則，委婉地拒絕。最終，王小青的緘口謹言讓經理對她產生信任感，認為她是可以託付重任的人，不久就將她升職加薪。

人與人之間的溝通永遠要謹言慎行。王小青能夠吸取教訓，牢牢記住守口如瓶的道理，所以才會在日後的職業生涯中如魚得水。

老子云：「知者不言，言者不知」，這句話蘊含著深刻的處世哲理。那些講話不經大腦，一時衝動就將不該說的話一股腦倒出來的人必然會受到一些「教訓」。所以，學會在講話前三緘其口、守口如瓶，不但是為人處世的黃金法則，而且也會有利於個人的發展，得到別人的喜愛、認同與信任。

給別人留面子就是給事情留轉機

人們常講，人要臉，樹要皮。如果處處不給別人留面子，對方就會心存怨恨，暗中堵門路。因此，給別人留面子，就等於為自己的人生打開了一扇門。

「留有餘地，就會進退自如，這是處事的藝術和做人的哲學；不留餘地，就好比兩軍對立，往往以兩敗俱傷收場。」懂得給別人留面子，就相當於給事情留下轉機。

我有一個十分固執的朋友，不管什麼事他都要和別人講出個所以然來。慢慢地，周圍的朋友一個個離他遠去，成為「孤家寡人」的他為此甚是苦惱。

「我真這麼惹人厭嗎？」朋友小聲啜泣著。

看著他悲傷的模樣，我決定好好幫他：「你先講一個和朋友相處的事例，然後我給你具體分析一下。」

朋友輕輕拭乾淚水，對我說道：「我曾經有一個非常要好的朋友，兩人無話不說。可是，因為一些小事情，他竟然慢慢疏遠我。

事情的起因是這樣的：我們一起外出旅遊，由於他的粗心與疏忽，把證件全都丟了。焦急之餘，只好放棄計劃好的行程，急匆匆趕回來補辦一系列證件。

面對朋友誠摯的道歉，我依然感到十分惱火。我不時想起丟失證件而無法旅遊的事情，難免控制不住惱怒的情緒數落他，然後告訴他做事一定要認真仔細。開始他總是沉默不語，點頭聽著。但是有一次在朋友聚會的場合我又一次提及此事，並且當眾批評他，他竟然拂袖而去，撂下狠話：『你太不尊重我了，雖然我有錯在先，但已經努力補救。沒想到你竟然在這麼多朋友面前劈頭蓋臉地數落我，讓我顏面掃地，我想我們兩人真的不適合做朋友了。』

就這樣，這個朋友離我遠去。

其實，我批評他只是出於善意，希望他改掉粗心的毛病，沒想到最後竟然落得如此下場，難道我做錯了嗎？」

朋友的話說完了，我想了想，為他指出兩點應該注意的「面子問題」。

1. 為人處世要切記勿步步緊逼

只要是人，都愛面子，因為面子問題關係到自身的尊嚴與地位。每個人都有爭強好勝的一面，在心底都想比別人站得「高」一點。就是因為不懂得示弱和後退，往往會讓自己步步緊逼，最終將自己置於進退兩難的境地。

2. 給別人面子，實際上是在幫助自己

俗話說：「面子換面子，善用面子好辦事」，在為人處世中恰當地給別人留點面子，殊不知這就是在潛移默化中為自己搬走絆腳石，鋪平前進的道路。反之，做事喜歡做絕，無情剝奪他人面子的人無疑是在給自己拆台，截斷自己所有未來的道路。

我的這位朋友就是犯了以上兩點錯誤，他不懂得為他人留面子，結果親手葬送了友情。為了讓他進一步認識到給別人留面子的重要性，我給他講了這樣一則涵義深刻的故事：

古時候，有一個窮秀才甲進京趕考。半路上，他遇到了秀才乙，於是二人結伴同行。

一日，天氣驟變，下起了暴雨，秀才甲和秀才乙趕忙跑到一個山洞中避雨。「好在躲得快。」秀才乙一邊慶幸，一邊換上乾爽的衣服。而秀才甲被凍得瑟瑟發抖，遲遲不肯換衣服，原來他沒有多餘的衣服更換。

秀才甲很不自然地說：「我這個人喜冷，穿著濕衣服比較涼爽。」

秀才乙心知肚明，但沒點破。他說：「老兄，求你幫我一件事情。我有一套衣服不太合身，你比我高出許多。要不這樣，把這套衣服送給你，以免我落下浪費、不珍惜衣物的惡名。」

說完，秀才乙將一套不太「合身」的衣服送給了秀才甲。

放榜的日期到了，秀才甲金榜題名。秀才乙名落孫山，只好打理行囊回家。

一年後，秀才乙正在書房中苦讀，突然有幾個衙役找到秀才乙，請他去見知府大人。秀才乙好生詫異，但知府有令，便匆忙前往。

原來，知府正是當年的秀才甲，知府說：「你還記得當年躲雨的事嗎？我十分感激你給我的幫助。你這個人知書達理，我想請你做我的師爺，你看如何？」

秀才乙欣喜若狂，他萬萬沒有想到，當年的一件小事竟然改變了自己的命運。

誰也不知道明天會有什麼樣的事情發生，也不知道誰會成為自己的「貴人」。說話給自己留有餘地，辦事給他人足夠面子，就相當於為自己構建了一個和諧的人際關係網。所以說，不要小看留面子這件事，只有用大度的心去包容對方、尊重對方，才會得到意想不到的回報。

忽冷忽熱不可取

如何才能讓友情常在，並擁有更多朋友呢？答案只有一個，那就是要掌握合理的距離和分寸，忽冷忽熱的作法不可取。

朋友很沮喪，他覺得好兄弟與他漸行漸遠。

我問他：「最近你為他做了些什麼？」

他答：「這一段時間工作太忙，沒空理他。」

我說：「那就找到癥結所在了。」

人際關係中衍生出來的友情需要用距離來調節親疏遠近，對待朋友既不能親密無間又不可將其拒之門外，掌握合理的距離和分寸才能讓友誼長久。為了更進一步闡述人際關係中忽冷忽熱的作法不可取，我為朋友講述了兩則故事，希望他能領悟其中的真諦。

故事1：保持恰當距離，切勿忽遠忽近

怡君和雅婷是一對很要好的死黨。

身為人事助理的怡君感覺雅婷一反常態，最近頻繁約她出去吃飯，而且還不時送一些小禮物給她。

怡君覺得十分奇怪，和雅婷認識這麼多年了，從來沒見過她這樣殷勤地相待，看來她彷彿熱情過了頭。正在怡君暗自琢磨時，人事經理的一番話讓她茅塞頓開。

人事經理對怡君說：「公司要招聘一名總裁助理，一個叫雅婷的女孩順利通過初試。她暗地裡對我說是她是妳的好朋友，妳很瞭解她的為人。你來說明一下，她能否勝任這項工作？」

「原來是這樣，怪不得雅婷最近總是粘著我，並且一個勁地說好話，原來是另有所圖。」想到這裡，怡君的心涼了半截，再也不願意和雅婷深入交往了。

・**事件分析**：雅婷突然對怡君熱情，讓她有些不自然，等到瞭解事情真相後，怡君感覺自己被朋友利用了，於是一場友情就此中斷。這就說明，真正的情感應該是發自內心，而有利所圖時急速為友情增溫的作法往往讓人感到不真誠，會認為對方帶有極其濃重的功利性。

故事2：保持合理距離，為友情保溫

晶晶又一次接到好友相約聚會的電話，但是出於種種原因，她拒絕對方。晶晶最近剛剛升職，很多事情都在接洽階段，雖然與朋友關係很好，但是她寧可抽出時間多做些工作，也不願意浪費在聚會上。

不知不覺半年過去了，由於晶晶屢次拒絕和朋友相聚，那群朋友也不再繼續跟她聯絡了。

最近，晶晶感情上受到挫折，她想和朋友傾訴一番。可是令她沒想到的是，朋友們對她的態度大不如往前，有幾個竟然聲稱有事不去見她。

・**事件分析**：友誼是脆弱的，它需要時時進行呵護。要想他人能長久對你好，你首先要對他人好，如果長時間不去進行溝通經營，會令雙方產生距離感，很難找回原來的情誼。晶晶頻頻拒絕和朋友相處的機會，由於長時間疏於交流，友誼之樹過早地凋零了。

兩個故事講完了，朋友如同醍醐灌頂般醒悟過來，他猛地一拍大腿說道：「忽冷忽熱害死人，以後我再也不會這樣對待別人了。」聽著朋友的話，我會心地笑了。

一位哲學家這樣形容友情的距離：友情如同兩隻過冬的刺蝟，離遠了冷，離近了扎，只有保持不遠不近的恰當距離才能讓彼此感到溫暖又不被傷害。只有學會與人保持恰當的距離，拿捏好分寸，才能做到與人和諧相處。

不給小人可乘之機

聰明人都知道，只有心地善良、樂於助人的朋友才會對自己有幫助，品行不端的人只會產生壞作用。因此，與人交往時千萬不可掉以輕心。

Doris的朋友推薦了一位年輕人到她的公司工作，出於對朋友的信任，Doris非常重視培養年輕人，總是把一些機密性的工作交給他。年輕人很爭氣，不管Doris交給他多麼棘手的任務，他都能出色完成。Doris看到年輕人的表現，心裡十分歡喜，決定好好栽培他。

正當Doris準備重用年輕人時，年輕人的內心卻泛起了波瀾，他野心勃勃地想：

「現在我掌握了這麼多公司機密，可以將Doris取而代之。」有了這個想法後，年輕人開始打起自己的小算盤，備份了很多重要文件。出於對年輕人的信任，Doris並沒有察覺到這些事情。

機會終於來了，Doris因為有一筆大業務要談，需要出差一個月。她便將公司交給這個年輕人打理。於是，年輕人開始了蓄謀已久的計劃。他找到Doris的競爭對手，收購Doris公司的大部分股權，公司的董事會主席也變成了那個年輕人。

Doris回來後，看到公司已經變成這個模樣，一時間難以接受。但是她很快就冷靜下來，不動聲色地開始挽救公司的戰鬥。表面上，Doris依然對年輕人推崇有加，如同合作默契的夥伴。私下卻暗渡陳倉，透過各種關係一點一滴地收回自己的股份。經過一系列努力，公司的大權又重新回到她的手裡。

經過這件事，Doris終於明白了一個道理，那就是不要輕易相信任何一個人，也不要給小人以可乘之機。當然，Doris更是聰明的，當她發現自己重用了一個小人之後，沒有把對方揪出來理論或者打官司，而是虛與委蛇，表面上依然非常友好，讓對方放鬆警惕，然後自己才有機會挽回敗局。

最可怕的敵人就是身邊的人。因此，在與人交往時，一定要注意保護好自己。

小時候，我聽過這樣一則寓言故事：

小馬在森林裡匆忙地走著，眼看天就要黑了，牠一定得在天黑之前回到家。為了節省時間，小馬選擇了一條平日沒有走過的小路。

這時，路邊跑出一隻小狗，說：「看得出，你對這條道路並不是很熟悉。這樣吧，我們結伴而行，我給你帶路。」

有了小狗帶路，小馬的速度快多了。當小馬看到小狗氣喘吁吁的樣子時，覺得很過意不去，便說：「你跳到我的背上，我背你一程。」

小狗推辭了一下，隨即跳到馬背上。走著走著，小馬發現自己陷入了沼澤之中，只見小狗縱身一躍，跳過沼澤。

小狗回過身對小馬說：「謝謝你，這就是我為你帶路的原因。」

被欺騙的小馬孤伶伶地困在沼澤中，艱難地掙扎著。

現實生活中，也存在小狗和小馬這樣的人。「與人方便，自己方便」這句話雖然很有道理，但並不代表對每一個人都適用。有些時候，當你毫無保留，真心對人時，正好給對方以可乘之機，最終吃虧的還是自己。

那麼，如何才能做到不給小人留下可乘之機呢？

1. 嚴防死守，防微杜漸

如果小人得逞，是因為你做得不夠完善，給了對方可乘之機。如果將事情考慮得面面俱到，鑄就一個又一個堅固的「堡壘」，小人無論如何也不能將其攻破。

2. 明辨是非，做到心中有數

小人就是小人，不論從品格還是個人素養中都會流露出一些端倪。在這些點滴中早些發現其不良動機，就能夠早一點進行防範。

3. 不要過分信任某一個人

購買雞蛋，按照常識規律，不會將大量雞蛋都放在一個籃子中，以免不小心打破整籃雞蛋。將雞蛋合理分放在不同位置，即使打破一個，影響也不會很大。為人處世的道理也是一樣，不要將全部信任都給予同一個人，若是此人居心不良，那麼一籃子雞蛋就會全部被打破，這個損失將會是難以彌補的。

俗話說「人心隔肚皮」，誰都無法完全瞭解一個人。所以，與人交往一定要留個心眼，採取必要的防衛，讓小人無法加害自己，所謂「小心駛得萬年船」。

學會跟看不慣的人溝通

社交場合中會遇到各種各樣的人，其中一定有看不慣的人。遇到這種情況，躲避不是上策，學會和這種人溝通才是最好的解決方法。

人與人之間如果能敞開心扉，暢所欲言，的確是一種精神上的享受，可是事情不會這樣盡如人意。以我為例，在應邀出席的一個舞會上，我碰到了很多讓我看不慣的人。最初，我的心情有些低迷，但經過調整，我試著和這些人進行溝通，竟然有了一些意外的收穫。

現在，我把這些小經驗總結出來，跟讀者共勉。

1. 遇到打探隱私的人，要答非所問

「夫妻感情好嗎？」「收入很多嗎？」這類話題讓我實在不想回答，因為每個人都有自己的隱私，誰也不願意讓內心深處的這塊專屬領地遭到侵犯。遇到這種情況，無論你是如坐針氈還是惱羞成怒，都不是好辦法。

其實，對於喜歡打探隱私的人，最好的方法就是模稜兩可的回答他。「夫妻感情好嗎？」，你可以回答：「託您的福」；「收入很多嗎？」，你就說「和其他人一樣」。總之，面對別人的問話不回答顯得不禮貌，而答非所問是跟這種人最佳的溝通方式。這樣一來既不會得罪對方，又能保護自己。

一次宴會上，娜娜遇到了一個讓自己討厭的人。宴會才開始，對方就纏著孫娜喋喋不休地問個沒完：「妳怎麼進入這家公司的啊？」、「公司福利如何？」、「妳老公在哪裡工作？」……

娜娜雖然很不喜歡對方，但是她依然保持禮貌性的微笑，含糊其辭地回答問題。慢慢地，對方覺得在孫娜這裡得不到自己想要的確切答案，就將目光投向其他人。

如果你能恰到好處地運用這種辦法，自然也可以「擊退」這些喜好窺探他人隱私的「八卦者」。

2. 對道人是非者，要小心謹慎

「來說是非者，便是是非人」，喜歡談論別人是非的人，既然敢在你面前說他人的壞話，自然也會在他人面前說你的壞話。對於這種人，要小心謹慎對待。當你不去談他所談論的話題時，他就會有所感覺，認為這個話題無法交流下去，中止談話，或者談論其他話題。

阿梅是社區裡有名的「長舌婦」，只要一有時間就會對左鄰右舍的家事說三道四。

「你知道嗎？五樓那小倆口正鬧離婚呢。」、「李家的那個小孫子可調皮了，據說都是他奶奶溺愛的」……阿梅熱中於此。

一天，阿梅碰到了正在樓下健身的茉莉，又開始準備對別人品頭論足。茉莉不想在別人背後隨便議論他人，於是話鋒一轉，改變話題。阿梅發現茉莉不是很想和她討論別人，也就灰頭土臉地溜走了。

也許周圍就有阿梅這樣喜好搬弄是非的人，如果用冷冰冰的態度直接拒絕對方，那麼對方就會氣急敗壞地四處說你的壞話；而違心地應和幾句，則會給這些「長舌婦」以可乘之機，認為自己與你氣味相投。所以說，這些作法都不可取。只有學會謹慎對待，讓對方知難而退才是明智之舉。

3. 對兩面三刀者，要拿捏好溝通分寸

有這樣一種人，表面上對你熱情無比，積極主動地跑前跑後幫你處理問題，可是轉臉就會向其他人數落你的缺點與不足。這種當面一套背後一套的人，姑且把他定義成兩面三刀型。怎樣跟這種人溝通呢？最有效的方法就是拿捏好分寸，以免掉進這種人挖好的陷阱。如果他對你熱情，那麼就用熱情作回應；如果他對你冷淡，你也對他冷淡。跟這種人溝通，一定要掌握分寸，做到守口如瓶，避免單獨相處。

「熙熙，我剛才還在跟別人誇妳呢，妳是個既漂亮又聰明的女孩，肯定前途無量。」同事玉琳裝模作樣地對熙熙說道。

熙熙知道玉琳屬於兩面三刀的人，現在當面說妳好，也許轉過身就會對妳使壞。看到玉琳「熱情」的模樣，熙熙說：「哪裡啊，玉琳姐，妳過獎了，和妳比我差得實在是太遠了。哦，對了，總經理剛才叫我處理一些文件，我先過去一下。」於是，熙熙藉口「溜之大吉」。

如果找不到合適的方式跟兩面三刀的人相處會感覺很累。所以，對於這種人還是拿捏好交往分寸。

正如上面所總結的幾點，雖然有些人的行為或者舉動令你看不慣，但你最好不要直接迴避，這樣會直接刺激到對方。最好的方法就是學會不同的溝通技巧，見什麼樣的人說什麼樣的話。

放下成見才能消除敵意

如果帶著成見與人相處，對方一定會敵意十足。相反，放下成見，換個角度看問題，才會與人和諧相處。

成見是一種主觀的意念。在交往的過程中，如果僅憑主觀感覺去與人相處，往往會得到很不理想的結果。事實上，如果換個角度看世界，換種方法做事，換個心態交往，情況就會大不一樣。有一本書這樣描述心態轉變的：「同樣是夕陽西下的場景，那些帶著悲涼心態的觀賞者，眼前看到的不過是日薄西山，心中則會聯想起英雄末路的淒慘遭遇；而那些懷有博大胸襟的人去欣賞，腦海裡會浮現『莫道桑榆晚，為霞尚滿天』的場景。」試問自己，面對一些不願見到或者略帶反感的人，你是戴著有色眼鏡去與之交往，還是坦然放下成見，消除雙方敵意，友善相處呢？相信大家都願意成為後者。雖然這樣做或許有些難度，但是在看過米奇的轉變後，相信你也可以做到。

米奇在一家公司撰寫文案，他性格沉穩，一直以來和同事們相處得都很好。可是不知道從何時起，他隱約感到同部門的安邦對自己有些意見。比方說，早上進門時，他明明和安邦打了招呼，可是安邦卻視而不見；大家一起討論方案時，安邦總是和自己作對……米奇越這麼想，就越覺得安邦最近有些反常。

一天，安邦向他請教一個問題，米奇想起安邦的種種不是，便一口回絕了。從那以後，米奇和安邦兩個人敵意十足，這讓辦公室充斥著濃濃的火藥味。

同事發現了米奇和安邦之間的磨擦，就對米奇說：「先不管這件事情誰對誰錯，但是我敢保證，如果你放下成見，安邦一定會跟你和好如初。」

第二天，米奇聽取了同事的建議，大大方方地跟安邦說了聲「早安」。只見安邦十分驚訝米奇的轉變，停頓了好幾秒鐘之後才笑著起身與米奇打招呼。

米奇終於發現，摘掉有色眼鏡，放下成見，竟然可以融化人際關係的堅冰，收穫滿滿的友情和暖暖的感受。他暗自告訴自己，無論何時、何地，面對何人，都要將成見先拋掉。只有這樣，才能夠獲得真摯的情誼。

心懷成見的人很容易與人產生矛盾和磨擦，如果內心被厭惡乃至仇恨填得滿滿，自然沒有空間去盛放友善與和諧。所以，每當這個時候，就要提醒自己，試著說：「不要帶著有色眼鏡看人」、「他也很不錯哦」、「他的優點很多，值得我去學習」，這樣一來，成見自然會減少，甚至消失。當你心中沒有了成見，對待別人的態度自然會有所改變。當對方看到你的轉變後，也會隨之消除敵意，用彼此都能接受的態度和方式展開交流。這樣一來，你的人際交往就進入到良性循環過程。

爬過山的人都知道，在山頂上站得高，望得遠了，不僅可以將景色盡收眼底，眼界也會跟著變寬。學著做一個聰穎的交際手，用高瞻遠矚的目光審視未來，思考對方能帶來有益的一面，將不利因素化為前行動力。當你放下成見與對方平和相處時，便可以立於不敗之地。

上司也可以「聽」你的話

身在職場的人，經常會和上司打交道，接觸的時間久了，就會發現一個奇特的職場現象：向上司表明自己的觀點時，說服的效果總是和上司對自己的信任度成正比。一言蔽之，只要能掌握說服上司的訣竅，上司自然而然會聽從你的建議。

鄰家妹妹安妮興高采烈地來到我家，剛進門就興奮地說著：「這次我又把老闆成功搞定！」

我詫異地望著她，心想：「這個小丫頭什麼時候有了這麼大的本事？」

安妮看出我的不解，故作神祕地說：「我自有搞定他們的絕招。」

「幾天不見，本事見長，快說出來讓哥哥聽聽。」我調侃道。

「你要聽清楚哦。」安妮一本正經地說道。

以下就是她所傳授的招數，據說可以搞定任何難纏的上司：

招數1：放低姿態，適可而止

談及這個招數，安妮是透過無數「血淚史」才總結出來的。開始，上司作出指示，安妮只要有不同意見就會口無遮攔地說出來：「老闆，這個方案不實際，應該採用另一個方案。因為……」

老闆滿臉讚許地說：「妳的想法很好，可以考慮採納。」

可是久而久之，老闆對安妮的「意見」十分厭煩，心想：「我是老闆，過的橋比妳走的路還多，難道還不如妳嗎？」漸漸地，安妮發現「硬碰硬」的招數十分愚蠢，根本行不通。

經過總結，聰明的安妮改變策略。她開始認真聽取上司的意見，並結合這些觀點謙遜地說出自己的見解：「老闆，這只是個人的拙見，希望您能指點一二」，諸如此類的話一說出，上司在心情愉悅之餘，也會默默地在心底誇獎道：「是個好學的可造之材。」這樣一來，上司不但「聽」了你的話，而且會留有良好的印象，此時的你就剩下偷笑了。

英國小說家、劇作家毛姆在他的《人性的枷鎖》一書中說：「身居高位之人，即使請你批評指正，他所真正要的還是讚美。」如今的職場多數會以「上命下服」為美德，在這個大環境下如何運用技巧有效地展示自我，就需要不斷地修煉。如果你能像安妮一樣找到放低姿態、悉心傾聽上司意見的要訣後，相信很多事情都會迎刃而解。

放低姿態，並不是讓你對任何事情都保持沉默，而是學會把自己的建議恰到好處傳遞給上司。千萬不要固執己見，強硬堅持自己的看法，這樣一來，只會讓上下級關係僵化，人際關係因此受損。

招數2：站在上司的立場上考慮問題

安妮的老闆在專業領域內頗有建樹，可是對於管理卻不是很在行。管理的層級體系在老闆的帶領下搞得亂七八糟，同事們敢怒不敢言。

直爽的安妮認為，為了公司好，自己必須挺身而出。她對老闆說：「真正意義上的主管權威包含著技術和管理兩方面。您的技術權威堅不可摧，但是管理權威稍有薄弱，您是不是多側重這方面一些呢？」老闆聽了，若有所思地點頭。

一樣的意思，安妮站在上司的立場進行思考，既維護老闆的面子，又達到勸說的目的，實屬一舉兩得。

招數3：摸透上司的脾氣

安妮的老闆是個急性子，點火就著，員工都在背後戲稱他為「火藥桶」。基於老闆的性格，員工們都對他十分敬畏，生怕有哪句不順耳的話「引爆」老闆心中的「定時炸彈」。聰明的安妮卻有著過人的「馭人」招數，竟能讓老闆「乖乖」聽她的話。這究竟是怎麼回事？

原來，安妮早就摸清老闆的脾氣，他雖然性格火爆，但是「不記仇」，通常發過脾氣轉眼就忘了。如果安妮有什麼意見要提出，先讓老闆發火，發洩之後，老闆自然就會安安靜靜地聽安妮提出的觀點。

一次，安妮向老闆彙報分公司的業績，並準備向老闆提出一套改革方案。還沒等安妮彙報完，老闆就已面色鐵青了。果然，老闆很快就大發雷霆，屬下一個個面面相覷，小心翼翼地繼續工作。

安妮的神情依舊那麼自然，她耐心等老闆發完火，說：「老闆，既然這個方案不理想，倒不如換一套方案試試。」

「哦？有什麼好方案，說來聽聽。」發過火的老闆冷靜下來。

就這樣，在安妮的分析下，老闆欣然採納了她所提的方案。

安妮無疑是聰明的，當其他員工由於害怕老闆發火而不敢提任何建議時，安妮卻摸清了上司的底細。「知己知彼，方能百戰百勝」，既然瞭解老闆的性格，安妮就能將中肯的建議提供給他。

學會用上司能接受的語言提出建議，效果非常好。這種溫和的策略可以充分顧及上司的面子和尊嚴，容易被上司接受。在這個基礎上，有的放矢地與之溝通，就會讓上司「聽」你的指揮。

讓不配合的同事積極配合

遇到不合作的同事實在是讓人頭疼，只有想辦法控制住對方的心，他才會積極地配合工作。

「最近的工作糟糕透了，討厭死那個同事」，妹妹阿華皺著眉頭向我抱怨道：「讓他配合點工作，推三阻四就是不做，我都快被氣死了。」小女孩一邊抱怨，一邊往嘴裡大口塞著薯條，頗有點「化悲憤為食慾」的氣概。

辦公室中的你是否也會因為遇到不配合的同事而感到心煩意亂？下面這些「勁爆」的策略可以讓對方立刻行動起來，希望讀者能跟阿華借鑒一二。

1. 做事要果斷，不給對方找尋藉口的機會

心理學家認為，當一個人在做抉擇的時候，往往會因為害怕承擔選擇失誤的後果，遲遲不敢行動。因此，要想使對方儘快行動起來，你要做的第一件事就是將其選擇的範圍縮到最小。

卓恩的同事約翰認為自己是公司元老，工作起來總是偷奸耍滑。一次，卓恩與約翰共同完成某項工作，她早就對對方的行事作風有所耳聞，便決定先下手為強。

卓恩加班完成工作，然後對約翰說：「我的那部分工作已經完成了，剩下的都是你需要做的。麻煩你做完了直接交給經理吧，再見，我先走了。」

卓恩的一番話切斷了約翰所有找藉口推辭工作的機會，他只能乖乖「就範」。

2. 設定最後期限

面對不配合的員工，最好是給對方一個清楚明確的最後期限，讓他清楚知道立刻行動的必要性和緊迫性，進而迫使他不得不行動起來，因為再晚的話，可能就沒

有成功的機會了。

「張編輯，明天就要交稿了，希望你到時候把稿件如期交給我。不然的話，老闆知道了肯定不會讓你我好過，弄不好這個月的獎金就都沒了。」劉偉明對做事拖遝的同事進行「善意」的提醒。

經過劉偉明這麼一說，張編輯也覺得時間緊迫，不得不抓緊時間完成手中的工作。

3. 對不配合的同事明確表達期望

心理學是這樣解釋「期望法則」：他人的期望對人的行為具有很大的影響，人往往會按照他人的期望行事。如果你希望對方立刻行動起來，就應該向對方傳遞你的期望。

一般來說，表達期望的方式只有兩種，第一種是語言，第二種是行為。用語言直截了當告訴對方你的期望外，還可以用言行一致的行動加以配合，產生更明顯的效果。如果你的一言一行都在傳遞對他的「信心」與「期望」，那麼對方配合照做的可能性就會很大。

4. 牢牢把握住「進門檻效應」，「迫使」同事積極配合

心理學家指出：「人類具有行為一致性的強烈要求。也就是說，如果對於一些簡單的、對方力所能及的行動，對方答應了你的要求，立刻就著手去做；那麼對後面那些困難的、需要做出努力的行動，對方多半會著手去做。」同事不配合，也許是因為複雜的工作讓他畏懼。如果是這樣，不妨從簡單的工作下手。當他對簡單的工作產生興趣後，就會順著你指定的方向「運行」下去。

搞定不聽話的屬下

一個管理者的主管力大小，來自多個方面，是多種因素綜合作用的結果。其中，自身的素質修養將引起決定性的作用。

很多身居高層的朋友常抱怨：「現在的員工太難帶，不聽話的屬下經常惹事。」我先不過多評判這樣的屬下做得是否正確，只想說：「具備搞定一切人和事的能力是一個好主管的基本功，讓不聽話的屬下服服貼貼地工作也不例外。」

做為一名管理者，只有從小事做起，對員工體貼入微，才能真正贏得他們的心。

比如，你的一名屬下因病請假，康復後身為主管的你不聞不問，還將大量工作分配給他。即使原本順從的員工心裡也會很不舒服，慢慢就會成為一個「問題員工」。

再比如，屬下家中遇到事情，如果你能主動幫屬下安排好請假事宜，並且真心給予協助，對方自然會更加賣力工作。

以上兩個例子雖然出自小事情，其結果卻形成了鮮明的對比。

張志雄曾一度成為眾人口中的「冷血上司」，他帶的團隊常有不少狀況出現。一個屬下找到情投意合的另一半，準備走進婚姻的殿堂。可是，公司臨時分配下來很多任務，張志雄就對屬下說：「你最好將婚期延後，不然工作就不能按時完成。」屬下聽了，認為張志雄不近人情，本來可以商量的事變成了命令口吻，心中大為不爽。

最後，這名員工竟然連招呼都沒打，就私自跑去國外度蜜月了。員工突然失蹤，讓了張志雄措手不及。

如果張志雄換種方法，情況就會大不相同。

他可以對員工說：「我知道你馬上要結婚了，身為主管的我應該為你安排婚假事宜。可是總公司突然下達命令，要全員儘快完成這些項目。我想徵求你的意見，如果你的婚期有延後的可能，我希望你能留在團隊，幫助大家度過難關。等這些項目完成後，我會主動為你申請延長婚假。」

不管屬下是否同意，上司的話大抵讓人感到舒服，不會產生強烈的逆反心理。

在點滴細微之處表現出對屬下的關心，是上下級溝通感情的有效方式。只有讓屬下感覺到你的溫情，才會從心裡尊重你、愛戴你。其實，搞定不聽話的屬下並不難，管理者多花費點心思在屬下身上，讓他體會到自己的重要性，上級與屬下的關係必然會變得融洽。

面對客戶，無往不「利」

客戶是企業發展的關鍵因素，有了穩定的客源，企業才能大步前行。而如何搞定客戶，已經成為現代公司裡談論最多的話題。

搞定客戶是一門學問，也是一門藝術。只有搞得定客戶的人才算是一名合格員工，進而為自己、為企業創造更大的利潤。如果將自己比作演員，沒有客戶這個觀眾的欣賞，無論你演得如何起勁，也是白費力氣。

如果你想順利搞定客戶，讓大筆金錢源源不斷流入公司和自己的荷包，底下良方頗具效果。

第1招：專業的業務素養贏得客戶信任

與客戶接觸，最重要的是自身素質和業務水準。試想一下，如果客戶詢問業務的相關問題，你一問三不知，客戶當然會對你和公司產生質疑。

楊文峰是某傢俱廠的業務員，剛進這個行業，他自恃才高聰明，從來不把基本的業務訓練放在眼裡，每每公司舉辦培訓，他都會設法蒙混過關。

一天，公司派楊文峰獨自外出談一筆生意。剛一見面，客戶就詢問公司的生產流程、傢俱選材、產品類型等專業知識。

略懂皮毛的楊文峰最後被問得張口結舌，這筆生意自然泡湯了。

專業水準要靠自身的學習和累積，只有熟練掌握產品、公司、行業相關知識才能熟練運用，讓客戶覺得你很專業。這樣，客戶才能對你產生信任感，進而對公司產生信任感。

第2招：用利益來打動客戶

用專業水準博得客戶的信任，只是銷售的初級階段。客戶相信公司，相信產品，相信你，只能證明他有初步合作的意向，並不一定會簽約。因為客戶最關注的還是利益問題。這個時候，你要做的就是「投其所好」，用科學分析和精確的數位告訴客戶他的收益。當客戶認為有利可圖之後，才會進一步思考往後的合作。

我接觸過一個有名的推銷員，每當有人詢問他是如何搞定客戶時，他只說了這樣一句話：「通常我見到客戶第一面，會告訴他，我是來為他推薦財路的。」如此精采的開場白已經將客戶的心牢牢吸引，往後的推銷自然可以順利進行。

雙方合作，利字當頭。大家所圍繞的焦點話題，都是為了獲得最大限度的利潤，如果你能率先「拋出」利益這個話題，自然能吸引對方的目光。

第3招：用真誠的態度打動客戶

約談客戶時，始終要保持積極樂觀的態度。遇到被客戶拒絕，應該這樣想：「他拒絕產品，並不表示拒絕我這個朋友。」

陳瑞偉和客戶約好見面的時間和地點，但是那天他所在的城市正下起傾盆大雨。剎那間，綠豆般的雨勢將整個城市罩成白茫茫一片。由於大雨襲擊，整個城市的交通處於癱瘓狀態。

陳瑞偉心想：「不管什麼困難，我都不能爽約。」於是他選擇穿上雨衣步行前往。他走的每一步腳程都異常艱難，平日只要半個小時的車程，他竟走了整整兩個小時。

當陳瑞偉按時赴約後，客戶感動極了，他認為面前這個小夥子值得信任。接下來的談判中，陳瑞偉絲毫沒有顧及濕漉漉的手腳，依然與客戶談笑風生。客戶被陳瑞偉積極、樂觀、上進的態度感染，爽快地簽下合同。

陳瑞偉是一名敬業的員工，也是一個懂得如何搞定客戶的人。當他用真誠打動客戶的那一刻，就表明了客戶的心已經無條件「投降」，接下來自然會痛快地答應合作。

以上三招是搞定客戶獲得利潤的小祕訣，如果你想成為「世界上最偉大的推銷員」，不妨按照這些招數去實踐，在這裡祝福讀者朋友早日成功。

第6章

能用人

用人不疑，疑人不用

「用人不疑，疑人不用。」短短八個字，如同為人處世的箴言，
無時無刻不在告訴管理者，對沒把握、
不太放心或認為存在某些問題的人，不能任用；
對感覺不錯的、認為可用之人，就放心使用、大膽使用、信任使用。

你不是「全能王」

社會生活，誰都需要別人幫助。因為一個人的力量畢竟有限，只有投身於大環境之中，才能在別人的協助和扶持下，站穩腳步、改善自我、取得進步。

有句話說得好：「一個籬笆三個樁，一個好漢三個幫」，以我自己為例，不管是生活中還是工作上，很多事情都需要別人的幫助與扶持才能完成。因為個人的知識和能力有限，依靠和利用大家的智慧和經驗共同做事才是明智選擇。如果自身能力有限，又不願依靠別人的力量，結果可想而知。

有些人懂得合作共贏，於是成功了；有些人選擇單槍匹馬，結果一直在做難以完成的事，白白浪費時間和精力，最後一樣徒勞無功。

王剛正是個生性多疑的人，在跟別人合作的過程，常擔心功勞會被別人搶走。一來一往，沒人願意和他合作，他自己也選擇單打獨鬥。單獨工作的王剛正如同菟絲花，失去大樹的扶持，但他卻咬牙堅持著，認為比別人多付出，就有收穫。

事態並沒如他預期的方向發展，一連幾個月加班、熬夜，他的身體處於「健康不佳」的狀態，體力嚴重透支的他，終於支撐不住倒下了。躺在病榻上的王剛正後悔不已，他終於明白：「有些事情，單憑自己的能力是不夠的。」

康復出院後的王剛正一反常態，開始誠懇待人，並且謙遜地與人合作。不出半年，王剛正工作業績快速提升，成為業界小有名氣的一員。

可見，懷有自私、疑人之心的人，想與人合作，似乎沒有半點生存空間；唯有多關心別人，多關注團隊，事情才能順利展開。

為了讓自己用最快的時間到達成功的頂峰，該注意些什麼呢？

1. 與人建立真正的合作關係

有時，人必須在一起做事，之後產生合作關係。真正的合作是建立在真心、誠懇的基礎上。只有合作動機單純、坦誠的人，才會受到其他人的尊重。

2. 在合作中學會處理人際關係

當你工作或者生活在任何一個團隊時，一定注意到這個團隊中的人都各司其職，各展其才，並且形成一種相互依存的關係。

3. 放棄小我，摒棄自私觀念

與人合作，處處只為自己著想，其他人就會批評你「太自私」。試想，給人留下「太自私」稱謂，是得不到他人願意打交道的機會。說白了，將很難求得別人的支持和幫助。做為對等的交換條件，你不幫助他人，他人也不會協助你。

沒有人是全能王，也沒有任何人可以離群索居，所以不可避免地需要與他人一起合作，並獲得他人幫助，這是基本的生存本能。在團隊裡發揮自己的能量，更能體現個人的價值取向；如果背離群體，就會被社會無情的拋棄；如果懂得「一個好漢三個幫」的道理，就可以為自己營造良好的生存環境。

用人要有容人之量

寬容不僅能體現自己的豁達、大器，有時還能因為寬容大度而獲得他人真誠的回報。

老子曰：「自見者，不明；自是者，不彰；自伐者，無功；自矜者，不長。」意思是說，經常自我表現反而名聲響亮不起來，經常自我誇耀反而沒有功勞，自以為高大反而不能被認可並獲得尊重。不知你是否留意，現實職場有兩種類型的主管，一種是用人不疑，有容人之量；另一種是疑神疑鬼，斤斤計較。前者的事業通常蒸蒸日上，而後者則在嫉妒和多疑中葬送自己或企業前程。

也許你認為我說的有些誇張，但是事實正是如此。法國作家雨果曾經這樣感歎：「世界上最寬廣的是海洋，比海洋更寬廣的是天空，而比天空更寬廣的是人的胸懷。」包容，是一種智慧、氣質、性格，只有懂得包容的人，才會在生活和工作中開拓出廣闊的天地，任隨自己自由馳騁。

林西仁是張總一手提拔起來的，從剛到職時的小職員，一直做到總裁助理，因為有張總的扶持，他才會走得如魚得水。

有人問林西仁：「你和張總是不是有私交，不然他怎麼會那麼器重你？」

林西仁聽到這話，笑著說：「我和張總之間並沒有什麼私交，我們擁有的只不過是彼此的信任與包容。」

的確，張總非常信任林西仁，也很包容他。

一次，林西仁由於判斷失誤犯了很嚴重的錯誤，董事會開會決定開除他。張總在會上對大家說：「有句老話，叫做『金無足赤，人無完人』。年輕人難免會有犯錯的時候，小林是做錯了，但是他已認識到錯誤，並且很努力補救。平心而論，這個年輕人有能力，也有上進的空間。如果現在就把他『一棒打死』，那麼這個年輕人以後的前途就會陷入渺茫之中。」經過張總的爭取，董事會最終收回將他開除的決議。

這件事讓林西仁知道後，他既感激張總，又佩服他能容人的大度。林西仁心底暗暗想：「張總就是我的榜樣，從今以後我一定要學習他的器度和胸懷。」

俗話說，宰相肚裡能撐船。身為主管，很重要的一點就是要有容人之量，否則身邊的人必求去遠離，沒人甘心情願一起奮鬥。

春秋時期，齊國國君齊襄公被殺。襄公有兩個兄弟，一個叫公子糾，當時身在魯國；一個叫公子小白，當時身在莒國。兩個人身邊都有個師父，公子糾的師父叫管仲，公子小白的師父叫鮑叔牙。兩個公子聽到齊襄公被殺的消息，都急著要回齊國爭奪王位。

公子小白回齊國的路上，管仲早已派遣人馬攔截他。管仲拈弓搭箭，對準小白射去。只見小白大叫一聲，倒在車裡。

管仲以為小白已經死了，不慌不忙護送公子糾回到齊國去。豈知公子小白只是詐死，等到公子糾和管仲進入齊國國境，小白和鮑叔牙早已抄小道搶先回到國都臨淄，小白即刻當上齊國國君，即齊桓公。

齊桓公即位後，立即下令追殺公子糾，並把管仲押到齊國治罪。管仲被關在囚車裡送到齊國，鮑叔牙立即向齊桓公推薦管仲。

齊桓公氣憤地說：「管仲拿箭射我，要我的命，我還能用他嗎？」

鮑叔牙說：「當時他是公子糾的人，他用箭射您，正是他對公子糾的忠心。論本領，他比我強得多。主公如果想要成就一番大事業，管仲可是個用得著的人。」

齊桓公聽信鮑叔牙的話，不但未治管仲的罪，還立刻任命他為宰相，讓他管理國政。

英國有句諺語：「世上沒有不長雜草的花園。」面對他人的過錯耿耿於懷，睚眥必報帶來的是心靈的負累和精神上的傷害。在職場上，高明的主管會選擇用包容和坦然的胸襟和屬下相處，而不是用「一個都不寬恕」的偏執，丟失掉個人的器度雅量和信賴尊重。

為自己找個好幫手

制約企業未來發展的走向有兩個要素：第一是企業的實力和發展的能力；第二則是人才。人才是職場最重要的資源，如何發掘並留住人才資源，是身為主管者必須深思的地方。

對一個管理者而言，最想擁有的就是綜合素質較高的人才。我接觸過很多管理者，他們或是苦於沒有好人才被引進，或是抱怨挽留不住人才。

基於這種狀況，有些管理者願意找我探究其中原委。有一位管理者的經歷讓我記憶猶新，我也願意以此為例來跟其他人說明有關「伯樂」和「千里馬」兩者之間的關係。

這位管理者是一家企業的董事長，他想培養一位頭腦敏捷，業務能力強盛的年輕人當他的助理。畢竟這是一個重大的決定，所以董事長必須仔細斟酌一番，待時機成熟再進行提拔。

除了日常工作的觀察外，每天中午董事長都會邀請年輕人一起共進午餐。

第一天中午，董事長點了兩碗麵當做午餐。董事長對年輕人說：「這裡有兩碗麵，各取一碗，你先挑吧。」年輕人看了兩碗麵，其中一碗上面加了一顆荷包蛋，他毫不猶豫地取走了這碗，馬上吃起來了，後來，年輕人發現董事長碗中的麵竟然藏著兩顆荷包蛋，心裡很不是滋味。

第二天中午，服務員又端來了兩碗麵，董事長一樣讓年輕人先挑，年輕人看見其中一只碗裡放著兩顆荷包蛋，另一碗卻沒有。心想：「昨天我吃虧了，沒有荷包蛋的麵條裡肯定藏著更多好吃的。」於是，年輕人選擇了這碗。吃到最後，他發現碗底竟然只藏著一顆荷包蛋，心裡更不舒服。

第三天午飯時間到了，餐廳照樣送來兩碗一模一樣的麵，上面和裡面各放一顆荷包蛋。年輕人學乖了，讓董事長先挑。

董事長趁機教育他說：「這三天的麵不僅是我們的午餐，而且是觀察你的試題。你各方面能力都很強，可是在午餐這個考題中，你的分數不及格。貪婪是人的本性，但一個管理者的心中若藏著貪慾，這個企業就會走向滅亡之路。」

如何為自己找一個好幫手是很多「伯樂」感到頭疼的問題，如果你想擁有一匹「千里馬」，首先就要練就自己擁有一雙慧眼。比如上述所講的董事長，他從荷包蛋的細節中，觀察出年輕人最真實的一面，真可謂是獨具慧眼，從細微處觀人。

尋找得力助手是管理者所要思考的問題，那麼該如何解決呢？

1. 想找到得力的助手，要從綜合能力中選拔人才

為了選拔合適的助理，孫總決定親自出馬，挑選合適的員工。

員工A思維敏捷，但是性情急躁，孫總搖了搖頭。

員工B文學功底強，但是做事拖拖拉拉，孫總搖了搖頭。

員工C雖然沒有某一強項，但是不管做任何工作都有模有樣。孫總眼睛為之一亮，立刻決定讓員工C當自己的助理。

2. 從細微處觀察對方

從細微處觀察人是管理者明智的選擇，要知道點滴的行為細節，才是對方本性最真實的流露。

張經理有意提拔王思做祕書，但是任命書簽署之前，他決定好好觀察一番。

張經理看到，每天下班王思都是最後一個離開辦公室，因為她要把辦公室打掃乾淨後才回家。

透過這個細節，張經理覺得王思的責任感強，也有「公司即家」的意識，懂得將公司當做家。張經理立刻簽署王思升職加薪的任命書。

培養一名得力助手並非難事，只要懂得觀察人才不能單憑外在形式，更應該關注其內在本質。老子曾說：「天下難事，必做於易；天下大事，必做於細」。選人、用人時也應該注意從觀察細節著眼。只有連細微處都做得完美、得體的人，才會是能成就大事的人。

任人唯賢不唯親

諸葛亮曾說：「國之有輔，如屋之有柱，柱不可細，輔不可弱，柱細則害，輔弱則傾。」他雖然講述的是治軍、治國之道，但是從中不難體會出，管理人才也需要有任人唯賢不唯親的態度。

一直以來，我都很喜歡諸葛亮的謀略，更欣賞他的用人之道。個人認為，在管理人才這方面可以採納諸葛亮的觀點。做為一家企業的管理者或主管，只有光明磊落，胸襟坦白，不任人唯親，才能帶領團隊走向成功。

美玲和欣然同時來到一家公司應徵，兩個女孩能力不相上下，顯然成為競爭對象。美玲心裡七上八下，不知道面試官會從哪方面考量，也不知道自己是否能被公司留用。與美玲相比，欣然反倒冷靜多了。因為欣然知道，自己的表哥是這家公司的高層主管，只要表哥打個招呼，自己就會被錄用。

面試時間到了，主考人員照例詢問了幾個關於學經歷和經驗的問題，之後要女孩回家等候通知。美玲覺得等候通知的日子簡直就是在煎熬人心，欣然則認為自己百分之百會成為那家公司的員工，竟然背起行囊跑出去旅遊了。

錄取通知寄到了，美玲榜上有名，欣然卻被公司委婉拒絕了。

「這到底是怎麼回事？」欣然怒氣沖沖地找到表哥，劈頭蓋臉地問道。

表哥笑瞇瞇地看著表妹，說：「沒關係，妳還年輕，機會有的是。」

欣然覺得很委屈，紅著眼眶說：「我一點也不比美玲差，你為什麼不幫我？」

表哥頓時嚴肅了起來，對欣然說：「主考人員捨你留她自然有公司的道理，相比而言，美玲更加適合這個職位。我身為公司部門主管，不能因為妳和我有親戚關係就做出違反公司制度的事。」

聽完表哥的話，欣然啞口無言。

一個人的胸懷有多大，事業才有可能做多大。身為一名主管，能以寬廣的胸襟管理企業，不謀私利、不爭權力，個人非但不會失去該有的利益，反而能獲得員工的歡迎和支持。

那麼，管理階層該如何做到任人唯賢不唯親呢？

經驗證明，管理階層在管理的問題上，只有公開公正，嚴格按照程序去做，將「人治」轉變為「法治」，才能確保企業在人才選用時做到不徇私情、不謀私利。

遴選優秀職員，關係到企業長遠利益的大問題。選用準則，關鍵在於要識別人才，堅持德才兼備的用人標準。正是因為管理階層任人為賢不唯親，才會是年輕人才脫穎而出，成為公司重要生力軍的主因。

用人所長是上策

「用人所長，天下無不用之人；用人所短，天下無可用之人。」企業發展中，管理者應該有廣納天下雄才的氣勢和胸襟，對人才不求全責備，而是用人所長。只有這樣，方能取得跨越發展，贏得輝煌成績。

縱觀古今中外，成大業者多為善用人所長之人。

前一段時間，我對漢高祖劉邦的成功經歷仔細研究一番。論謀略，張良在他之上；論用兵，他不及韓信，但是最終劉邦戰勝了「力拔山兮氣蓋世」的項羽。劉邦是如何取得成功的呢？主要原因就在於他不求全責備，而是用人所長。楚漢戰爭結束後，劉邦曾向大臣說明勝利的原因，「夫運籌策帷帳之中，決勝於千里之外，吾不如子房。鎮國家，撫百姓，給饋餉，不絕糧道，吾不如蕭何。連百萬之軍，戰必勝，攻必取，吾不如韓信。此三者皆人傑也。吾能用之，此吾所以取天下也。項羽有一范增而不能用，此其所以為我擒也。」由此可見，劉邦對人才的長處和短處有著準確的認識，從而整合他們的長處，使人各盡其才，並形成巨大力量，最終奪取天下。

列子曾說：「天地無全功，聖人無全能，萬物無全用……然則天有所短，地有所長，聖有可否，物有所通。」只有用人所長，注重人才，不求全責備才能讓人充分發揮主觀能動性，進而創造出更大效益。

趙家齊是某公司行銷總監，他經常對屬下說：「用人一定要用其所長，不能求全責備。」他把這個用人「法則」推廣到整個公司，得到不錯的迴響，更為公司培養了一批菁英。

某報社記者採訪趙總：「您的用人經驗已經成為業界的典範，請問您是如何總結出這一套方法呢？」趙總回答：「各行各業的競爭完全是人才的競爭，是高科技的競爭。公司要想立足於業界的大舞台，必須搞好人才，興業戰略。良才如美玉，雖有微瑕而不掩其光澤。只要能知人善用，就能將其磨成一塊讓人愛不釋手的珍寶。」

記者將趙總的談話發表之後，很多人才都慕名投靠到他麾下，這些人的目的就是為了給自己找到一個可以發揮才能的舞台。

趙總是個深謀遠慮的企業家，我們該如何學習他的用人「法則」呢？

1. 大力引進人才

人力資源固然豐富，但是企業和管理者不可故步自封，一定要不拘一格引進人才。只有引進人才，企業才能注入新血，得到蓬勃發展。

2. 管理者要有海納百川的胸懷，以此吸引更多人才加入企業

為了吸引人才，管理者應該給予更便利的條件，形成制度上的人才聚集地，讓更多有志之士加入團隊。

3. 除了要吸引人才，還要挽留住人才

對於優質人才，要實行多元化管理，為其創造良好的發展環境。只有緊密結合實際，推出相關配套措施和政策制度，才能讓人才心甘情願留下來。

「欲興業，先聚人」，只有將吸引人才、留住人才、善用人才，才能最大限度的使員工發揮潛能，為管理者和企業增光添彩。如果你是一位管理者，一定要做一名知人善任的「伯樂」，進而讓「千里馬」在廣闊的舞台上自由馳騁。

用他就要相信他

建立在信任前提的合作，才能發揮最大的工作效益，創造更多財富。

我的好友伊莎貝爾的職場生涯一直順風順水，工作幾年，就做到公司高層，並且成為業界出類拔萃的菁英，是不可多得的人才。

「妳是怎麼做到如此出色？」我問她。

「有人說成功靠勤奮，有人說成功靠運氣，我自己給成功下過一個定義：『成功等於勤奮加運氣加他人的信任。』因為得到公司的信任，我才會得到具有發展的空間。」伊莎貝爾說。

伊莎貝爾無疑是幸運的，她遇到了一個信任她的公司和上司。的確，成功的主要因素都不盡相同，但是能獲得他人信任，就會比別人得到更為廣闊的發展空間。同樣道理，如果身為管理者，也要做到「用他就要相信他」。

「用他就要相信他」並不是一句空泛的口號，而是需要落到實際處並加以運作的用人哲學。

關於這點，我的上司謝暉就做得很好。

謝暉白手起家，經過幾十年的努力打拼，終於在業界拼出一席之位。最近幾年，公司發展得相當出色，謝暉也成為業界的領導人物。

在謝暉的公司，彙聚著各種各樣的人才。有人精通貿易，有人擁有嫻熟的業務技能，有人具有創意天賦……他經常說：「公司內最寶貴的財富不是金錢，而是這些人才。」正是由於人才的聚集，使公司成為一個聚寶盆，每天日進斗金。這一現狀讓某些居心叵測的競爭者著實眼紅，他們意圖設法來挖牆角。奇怪的是，不管其他公司開出多麼雄厚的薪金和誘人的獎勵，屬下竟然沒有人肯跳槽。

這是為什麼？

在一次慶功大會上，他含著熱淚傳述感恩之情，多謝員工。只見一位元老級職員走上台，深深地向謝暉鞠躬，然後向記者媒體揭開了大家都不願意跳槽的謎團。

一次，一位客戶告知謝暉已經將貨款匯進公司帳戶，可是財務部主管查帳並沒找到這筆貨款。經過層層篩查，嫌疑最大的當屬會計主管。因為所有貨款都在他手裡出入，事發當天，正是他帶著印章去銀行辦理多筆貨款手續。

貨款不見，財務部主管急得都要哭出來，他信誓旦旦地說自己沒有拿過公司一分錢。可確實是他自己親手辦理每筆款項的流向，他覺得自己跳進黃河也洗不清了。

謝暉得知這一事情，親自來到財務部。他拍了拍財務部主管的肩膀說：「你是我的員工，我信任你的為人。好好工作，別多想。」謝暉的一席話使得已過不惑之年的男人痛哭流涕。

最終那筆貨款的流向水落石出，當天銀行系統出錯，那筆貨款被滯留下來。財務部主管對謝暉心存感激，更加賣力為公司工作。

正是因為他給予每位員工信任感，使得員工有著強烈的忠心意識，大家心思往公司著想，勁力往業務發揮，公司業務自然蒸蒸日上。

如果你是一位管理者，就要對自己的員工充分信任。做到以下三點，你將會成為一位出色的上司，員工也會對你無比敬佩。

1. 用人之前應多方面觀察，做有利於你選擇最合適的人選。

2. 選擇好人才，就要將其放到適合的崗位，讓他能在最大限度內發揮本能。換句話說，就是為員工提供施展才能的舞台。

3. 對於所選擇的人一定要信任，做到相信他的為人、相信他的能力。要知道，你的信任正是員工前進的動力。

做到這些，那麼恭喜你，你將成為一名合格的主管、管理者。在你的主事下，員工的工作熱情必定高漲起來，公司的業務效益自然而然就會直線上升。

學會當「老師」

「企業最終的競爭優勢在於不斷學習，並將所學知識迅速轉化為行動能力。」這段話已成為管理者公認的實務信念。怎樣才能讓企業擁有學習力？答案只要一個：好的管理者就是好的老師。

惠普商學院常務副院長馬永武說過這樣一句話：「學習力有三個層面的涵義：『學習知識的能力；轉化成行為的能力；管理者不僅自己使用、更將其在團隊內推廣的能力。』」這段話讓我受益匪淺。一個好的主管不僅要具有過人的綜合能力，還應該懂得如何將新知識在企業內推廣，讓每位員工都能進步。

主管是企業建立學習動力的關鍵所在。能否將企業打造成為學習型企業，重點在主管懂不懂得將新知識、新技能進行有效推廣。如果主管注重學習、珍視學習，並且鼓勵部屬跟著做，那麼員工就能瞭解學習的重要性，並促成企業的發展。

高建華根據在惠普多年的管理經驗寫成了《笑著離開惠普》一書，書中寫到同樣觀點：「一位好的管理者，其前提是一位好的老師，必須會講課，會教授他人知識才行。在惠普，只要是當上管理者，就要從基本的講課做起，也就是說要不斷培訓員工。如果把學會的東西，掌握的知識，總結的經驗和大家一起分享，並且一點一滴教會別人，那麼首先你是一個好的老師，其次才能稱得上是合理管理人。由於惠普在公司內鼓勵這種作法，所以擅長講課的管理者晉升會比較快。因為，在公司價值觀和員工意識中，這樣的管理者是一個負責的人。當所有人已經習慣毫無保留地向別人傳授知識和經驗時，企業的發展就會變得強勁有力。」由高建華的觀點，我推斷出，身體力行的主管不但是好主管，也是員工的好老師。

我的好友傑克曾任某大型房地產公司的行銷總監，在他任期的十年間，都會定期為員工講授行銷策略，有一次我問他：「你已是業界知名的行銷總監，很多事情沒有必要親自去做，可是為什麼還要堅持每週給員工講課呢？」

傑克說：「市場隨時在變化，每天我都會有新的銷售靈感。可是，這些靈感都屬於我自己，別人並不知道。如果我將其講解並分析，那麼情況就會大為不同。有悟性的員工懂得舉一反三，他會根據我所提供的市場動態和行銷資訊總結出更多、更新、更有實效的內容。」

聽傑克耐人尋問的話，我有了新的發現：

1. 管理者如果樂於分享，懂得傳授，那麼很多隱性經驗就會直接轉換成為顯性的內容，讓員工成為受益者。另外，在傳授過程中，管理者也會有意識的反思和總結，並進入一個良好的回顧過程。

2. 從更廣泛的意義上說，所謂師者，不僅僅是指那些被稱為「老師」的人，每個人其實都是傳播知識的老師。只有懂得這個道理的管理者，才是一位真正的老師，一位優秀的主管人才。

只要懂得分享，把散落的知識集合起來，以最有效的方式進行傳播，那麼你將會是一位偉大的老師、成功的主管。

握大權，放小權

聰明的管理者都懂得「抓大放小」的管理原則。他們會將具體事務或工作交給屬下處理，自己則集中精力統攬大局。這樣一來，不但工作效率增加，員工的主動性也會提高。

我採訪過很多企業家，在訪談中，發現這樣一個奇怪的現象，那就是某些管理者喜歡大事小事親自過問，這就導致管理者工作異常緊張。其實，一個人處理的工作量是有限的，管理者不可能包攬所有事務。優秀的管理者應該懂得讓權力下放，自己把握住大的方向，將工作適當分配。如此一來，很多工作都可以齊頭並進，效率就會提升。反之，一把抓的工作方法，不僅讓員工產生厭煩的逆反心理，還會讓工作停滯不前。

李小美是一個細心、謹慎的主管，但是她的屬下總在背地裡說：「她簡直細緻得過了頭。」

比如說很簡單的一項工作，李小美會三番五次地提醒員工不要忘記，並且事無鉅細地告訴屬下應該怎樣做，用什麼方法去做，做的步驟如何，過程中需要注意事項等，每當李小美佈置完工作，員工感覺頭都要炸了。這些還不算，李小美還會不時的找員工詢問：「你做好了嗎？」、「是按照我的方法做的嗎？」，最後索性自己陪著員工一點一滴將工作完成。

李小美一個人的力量畢竟有限，她常處於顧東顧不了西的狀態。望著桌上堆積如山的文件，她常常覺得自己被工作壓得透不過氣來。當她意識到自己管理工作有所失誤時，便利用業餘時間參加管理研習課程。並學會了分析工作的問題，知道工作應該如何分配。

從那以後，在分配任務時，她就會先對屬下講明，然後讓員工各司其職，自己只負責追蹤進展即可。這樣一來，屬下都愉快勝任，她的桌子再也沒有堆積如山的檔案資料了。慢慢地，李小美所帶領的團隊走上高效率的軌道，頗受上司好評。

透過李小美的經歷，可以得到一個啟示：身為一名管理者，有強勢的業務本領外，還應該掌握一套「分權用人」的法則。

1. 抓大放小

就是要統領全域，找到中心命脈，抓住重點，搞定關鍵部分，大的事情、大的原則、大的方向做好統籌，巧思安排；對那些非全域、既不是中心又不是重點、並非關鍵的問題和事情，「放心、放手、放權」的讓員工「去想、去管、去做」。

2. 握大權，放小權之前要著眼全域宏觀戰略

大事和小事在邏輯上都是一樣，任何事情都是由小變大的。身為主管，大權和小權的區分就在於要準確把握工作重點和方向，將具體事情做得出色漂亮。工作前提一定要將大事、小事放在不可分割的整體高度去考慮、分配，只有這樣才能將事情做得更加成功、完美。

只有懂得抓大放小的主管，才能充分調動員工的積極性，讓其擁有強烈的自主性和責任感，避免出現上忙下閒的被動局面。《周易》上說，「君閒臣忙則國必治」，說的就是這個道理。

其實，管理者做事的方法很簡單，就是要從關鍵處著手，抓住大權，下放小權，這樣即可讓事情化繁為簡，順利達成。

懂得分享成果

當今時代，人與人之間的交往愈密切，團隊合作也顯得格外重要，僅憑個人的力量難成大事。所以，當取得優越成績時，千萬不要忘記和夥伴分享成果。

多年來，我一直將「是以聖人處無為之事，行不言之教；萬物作而弗始，生而弗有，為而弗恃，功成而弗居」這句話當做自己的座右銘。老子在《道德經》中的這句話，意思很簡單，就是順應自然規律行事，不要將不屬於自己的東西據為己有，只有功高卻不居功自傲的人才會得到別人的愛戴與敬重。

從老子的訓示中，我明白了做人處事的道理：為人一定要懂得分享功勞，切記不可獨占勝利果實。只有懷著一顆謙虛、感恩的心，不在優越成績面前沾沾自喜、自我陶醉，才可以構建出和諧的人脈網路，得到別人的幫助與扶持。

從小到大，我一直視書如命，其中尤為喜歡歷史書籍。近日讀史書看到兩則故事，放在一起，相映成趣，給人啟迪，發人深思。

東漢光武帝建武年間，每年歲終祭神之後，皇帝按例下詔賜博士每人一頭羊。因為羊有大小肥瘦，負責分羊的總管感到為難，提議殺羊分肉以求平均。博士甄宇認為此法不可取。總管又打算採用抓鬮辦法。甄氏更以為恥，就帶頭取了最瘦的一頭，眾人於是再無爭執。後來，人送其美稱「瘦羊博士」。

後漢將軍馮異，作戰勇敢，屢立戰功，平時為人謙和容讓，與其他將軍路上相遇時，馮異就將車避在一邊，讓他人先過。每當行軍休息時，諸將軍坐在一起爭功論賞，爭得面紅耳赤，馮異則常避開，自己坐在樹下，軍中稱為「大樹將軍」。

讀罷兩則故事，不禁大為感慨，如此有才幹和功績的人都懂得分享勝利果實，如今的管理者更當如此。在人事關係紛繁複雜的今天，要想搞定人，辦妥事就要懂得分享：

1. 取得成績不可得意忘形，忘乎所以。
2. 有功獨居之人相當於將自己推向絕路，日後很難有更大的作為。如果在獲得榮譽或利益時沾沾自喜，獨享其成，等於將自己置身於一個「孤島」，最終將淪落為孤立無助的下場。

我的朋友依依在辦公室擁有超高人氣，究竟是為什麼？

原來，她是一個懂得分享成果的女孩。一次，公司舉行一場大型的招商活動，依依負責流程調度指揮。

那一段時間，依依早出晚歸，天天加班，這一切都是為了公司活動能萬無一失地順利進行。

皇天不負苦心人，公司的招商活動舉辦得十分成功，董事長認為依依功不可沒，就獎勵給依依一筆可觀的獎金。但是依依並沒有獨享成果，她在表彰大會上謙遜地說：「僅憑我個人的能力是不夠的，這項活動能圓滿結束，功勞是全體員工的。至於這筆獎金，我準備以公司全體員工的名義做慈善，希望大家能同意。」

依依剛說完，台下就響起雷鳴般的掌聲。透過依依的舉動，同事們更加喜歡她，公司主管也更加器重她。

有句古諺，叫做「天外有天，人外有人」，不論是職場還是生活，處處藏龍臥虎，精明幹練的人比比皆是。自恃聰明且居功自傲的人等於自掘墳墓，無聲無息斷送自己的前程。反之，懂得分享的人會不斷激勵自己前進，最終能到達成功的彼岸。

讓對方感到被尊重

孟子曰：「愛人者，人恒愛之；敬人者，人恒敬之。」尊重是一種美德，也是一種能力和態度。只有懂得尊重別人，別人才會更加尊重你。

我一直認為懂得尊重別人是一種境界，當對方感受到被尊重時，才會拿出真心與你為善。不管你身居何等職位，只要懂得用尊重做為處事哲學，就會設身處地為對方著想，並始終保持謙遜的態度。唯有這樣，在工作和生活中才可能取長補短，進一步豐富自身閱歷，拓展處世深度，以期推動事業更好的發展。

閒暇之餘，我報名參加一個陶藝班，在那裡認識了很多興趣相投的朋友。其中一位沈先生給我留下深刻印象。

陶藝班是一個酷愛陶藝的老師設立的培訓機構，老師喜愛具有創意性的生活，臉上洋溢著熱情般的笑容。但是有一天，陶藝班的成員突然發現老師滿臉愁容。

經過仔細詢問，得知老師開辦的陶藝班完全是興趣所在，性格使然。為了能結識更多熱愛陶藝的朋友，他自費籌建了這個小小的培訓班。由於家庭變故，資金發生問題，也就是說陶藝班「生命垂危」，瀕臨倒閉。

當所有人都處在一籌莫展時，沈先生悄悄打了通電話給老師：「我是一家陶藝品公司的經理，我知道您在培訓班投入相當多的資金，陶藝班成員辛勤完成的作品歸培訓班所有，因此由本公司代賣，您看如何？」

聽到這段話，陶藝班所有成員都興奮極了。這樣一來，陶藝班不但有了資金周轉，而且連所有人辛苦完成的「藝術品」也有了著落，一舉兩得的辦法讓大家異常高興。

就這樣，在沈先生不辭勞苦的奔走下，陶藝班順利度過了難關，我們也成為第一批畢業學員。

「學生練習的作品真的能賣出去？」老師帶著這個疑問走進沈先生的公司。老師並沒有對祕書表明身分，而是走到庫房對祕書說：「您好，請問這些陶藝作品真的能賣出去嗎？」祕書不知老師的身分，笑著說：「哪裡能賣得出去啊，這些初級的作品在市場上肯定乏人問津。」

聽到這些話，老師頓時明白了。如果沈先生直接為陶藝班注入資金，一定會傷及自尊心極強的老師。所以他以代賣為由，協助陶藝班繼續生存；既維護了老師的尊嚴，又幫陶藝班順利開辦，可謂用心良苦。為了答謝沈先生，老師將自己最得意的作品全部交付沈先生的公司代賣，這家公司頓時名聲大振。

「尊人者，人尊之」，沈先生站在老師的角度考慮，讓對方覺得自己被尊重。反之，受到尊重的老師也用另外一種方式回報沈先生。在為人處事方面，沈先生做得非常出色。

關於「尊重」，應該注意哪些呢？

1. 讓對方感受到尊重是出自真心行為

尊重是為人處事中永恆不變的準則，這個準則的重要基礎只有一個，那就是真心。試想，不管你有多麼熱心，多麼想維護對方，動機不純或者虛情假意，終歸會被別人察覺。這樣一來，雙方關係會急遽惡化，越處越僵。

2. 彼此的尊重要應放在平等的前提

平等是與人相處的基本法則之一，帶有憐憫、同情意味的尊重，會讓對方心存芥蒂，繼而心懷不安。

3. 與人交往，不論年齡性別，不論地位高低都要一視同仁，不卑不亢地平等對待

一個真正懂得尊重他人的人，必然會平和地對人，在尊重他人的同時，必定同樣收到別人對自己的尊重。古人云：「三人行必有我師」，每一個人身上必有其獨到之處，要學會欣賞，懂得尊重。

對事不對人

人與人之間最有效的溝通方法莫過於對事不對人，這是職場中處理日常事務的「王道」。

職場上存在這樣一種現象，有些人做事喜歡「因人而異」，這種作法讓我大為反感。

對人大小眼的人對待事情要先看交往對象是誰，再根據跟處理事情的人的關係親疏程度、社會地位等外在因素，做出主觀判斷。這樣處理事情，不僅對他人不尊重，在某種程度上，也會降低自己人格和誠信。關於這一點，同事的妹妹曉嫻就做得很好。

曉嫺和表妹在一家公司任職，曉嫺進公司較早，加之工作能力強，很快就晉升為部門主管，成為表妹的頂頭上司。

最近，表妹個人感情出現問題，心情低落的她在工作上犯了很多錯誤。牟曉嫺安慰她之餘，總是提醒表妹不要因為個人因素影響工作，那就等於觸犯職場的通病。

月底是工作最繁忙的時刻，曉嫺怕狀態不佳的表妹會出現紕漏，除了開導她之外，對她的工作也格外留心。可是精神恍惚的表妹連連計算錯了不少資料，這讓牟曉嫺大為惱火。於是，身為主管的她當眾批評表妹，並按照公司制度扣發了表妹兩個月的獎金。

有些同事知道了這件事情，背地裡對曉嫺說：「犯錯誤的又不是別人，是你的親表妹。你睜隻眼閉隻眼就過去了，怎麼真的處罰她？」

曉嫺說：「我做事向來對事不對人，不管誰犯了錯誤都要按照公司制度處罰。」

受到處罰的表妹，心裡不是滋味，但她瞭解表姐的為人，也知道自己錯在先，便誠懇地跟曉嫺道歉，並表示日後工作一定會更加認真仔細。

經由這件事，同事對曉嫻的作法讚賞有加。一致認為曉嫻是一位明智的上司，因為她懂得如何做事做人。

同事或朋友之間最有效的溝通方法莫過於實事求是、坦誠相對，對事不對人的做事方法更是處理日常事務的「王道」，曉嫻用公正的心面對事情，值得深思和學習，而「對人大小眼」、「因人而異」對人不對事的作法應該被摒棄。

Helen最近犯下一個嚴重的錯誤，以至於接到公司的解聘函。

事情是這樣的，身為傢俱銷售員的Helen因為錯誤的銷售方法受到顧客的投訴。

Helen銷售的傢俱為知名品牌，公司所生產的實木傢俱價格不菲。做為銷售員，Helen採行一套「看人售貨」法則——身著名牌服裝的顧客多為有錢人，他們購買力強；而衣著普通的顧客一看就是進門巡巡轉轉，不會購買任何物品。

一日，Helen看到一位女士走進展示場。她見這名女士的穿著像是從地攤「淘」來的低價貨，便對這人不屑一顧。

客人摸著傢俱問道：「妳好，請問這套傢俱是什麼材質的？」

Helen認定對方沒有購買能力，愛答不理地說：「紅木的，這套傢俱很貴，我勸妳買不起就不要隨便亂摸。」

Helen的一番話聽進顧客耳裡很不是滋味，最後憤然離去。

第二天，這名女士依然穿著「地攤貨」走進展示場。只見她從皮包裡掏出一摞摞厚厚的現金來購買那套傢俱。

這時的Helen變了另一副模樣，只見她點頭哈腰，非常殷勤地跟在女士後面。可是那名女士只對她說了一句話：「妳不是一名合格的員工，我會跟妳的老闆投訴。」

後來，公司查實Helen遭投訴的始末，認為對人不對事的員工會損害公司聲譽，便把Helen炒魷魚辭掉。

說到對事不對人，還有幾點需要注意：

1. 對待同一件事，不能混淆主觀因素和客觀條件，只有明辨是非才能做出正確處理，讓自己立於不敗之地。

2. 如果你是身為管理者，一定要做到以身作則。處理事情要一視同仁、公平公正，才能樹立威信，為屬下建立典範，成為他們標榜的對象。

3. 人際關係在現實中非常重要，和諧融洽的氛圍需要每個人努力創造。在為人處事中做到對事不對人很重要，如果戴上「有色眼鏡」看人，就容易對某個人、某件事產生個人看法。當這種個人看法根深蒂固時，情感偏差就會影響到人與人之間的交往。

曼・W・皮爾在《做事方法決定一切》這本書中提到：做事方法決定一切。不少人都將這句話奉為金科玉律，廣為流傳。做事的正確方法應該是具體事情具體分析，充分考慮主客觀因素後再下定論，以期做到對事不對人，這樣既對事件有說服力，也不致因為主觀判斷而破壞跟他人之間的良好關係。

我之所以提出這些話，無非希望每位職場作業員的為人處世，都能遵循正確方法，唯獨這樣，人與人之間的關係才會愈加和諧、融洽。

信任，但不放任

信任和放任，一字之差，但意義卻天壤之別。信任等於理解加依賴，而放任等於散漫加縱容。身為一名管理者一定要搞清楚信任和放任的區別，切記混淆兩者之間的關係。

週末清晨六點，我被一陣急促的敲門聲吵醒，輕揉惺忪的睡眼開門，發現好友大仁垂頭喪氣地站在門口。

我請他進屋裡，問道：「發生什麼事情了？」

「我被上司批評得一文不值。」大仁說。

「原來是這樣，這麼點小事就來驚擾我的好夢。」我打了個大哈欠回話。

「小事？怎麼算是小事？」大仁眼一瞪。

「好了，好了，你快說到底怎麼回事吧。」

事情是這樣的，大仁最近升任人事部經理，負責整個企業的人才招聘。上週，行銷部提出申請，計劃招聘十名銷售人員。主管批准後，任務自然落到大仁身上。大仁認為工作十分簡單，於是交代組員任務，說道：「這項工作交給你了，一切由你做主。不必事事向我請示，只要辦妥了，告訴我一聲就可以了。」授權之後，組員竟然理解錯誤，他認為：「無論我如何處理，經理都無所謂，可見他對這項工作並不重視。」於是，這名組員糊里糊塗隨便拉來幾個約聘人員，草草交差。

當這幾名實習生進入行銷部後，行銷部主管大為惱火。因為人事部招聘的新手非但沒有銷售經驗，能力也差太多了。憤怒之餘，行銷部主管找到董事長反應這件事。

結果可想而知，董事長把大仁痛批一頓，並決定扣其獎金以示懲罰。

「你說我多冤枉啊，是屬下犯錯，又不是我的錯。」大仁委屈地說。

聽到大仁這樣說，我快坐不住了，嚴肅地告訴他：「關於這件事，最大的犯錯者就是你。身為一個上司，怎麼能對員工如此的放任。」

「放任？我是信任他們啊！」大仁辯解道。

看到大仁如此執迷不悟，我決定好好給他上一課。

1. 某種程度上來說，信任是主管對員工品質、能力的充分肯定。他按照制定的規則讓信任的員工幫自己行事，但絕不是讓那些不具備良好品質和能力的員工任意所為，以致給團隊帶來消極的影響或破壞公司形象的作為。所以說，信任並不等於放任。

2. 信任員工是主管開展工作時，不能不聞不問。一名主管要員工執行可信賴的工作，其基本的方針就是統領全域，並隨時關注事態進展，以期適時接受工作進度的資訊。如果連這一點都做不到的主管，一定是一個沒有責任心的管理者。

3. 當主管分配任務後，首先要做的是，鉅細無遺地指示員工完成工作的重點與應注意的事項。之後，主管者要再次確認員工能遵守指示，並力求明確。只要指示能明確地表達，員工就能有效地執行指示。

很多管理者都像大仁一樣把信任和放任混為一談，借用一本管理學書籍中的段落，希望大仁和眾多身為主管者能從中汲取到所需要的知識：「一位優秀的管理人要注意兩個方面：第一，必須透過點滴細節，長期努力地跟員工建立相互依存的關係。得之不易失之易，要長期發展並努力維持這種相互依存的關係。第二個，分清楚什麼是信任?什麼是放任?信任員工與放任員工是兩回事，工作管理中的信任一定要長期堅持下去。」

不糾纏於小過失

金無足赤，人無完人；舉凡是人都有犯錯的時候。當屬下犯錯，管理者的處理方式就能顯示他是否具有主管才能。

王大吉將資料核對錯誤，主管對此大為不滿，不時就會把他叫進辦公室「教育」一番。

半個小時後，王大吉灰溜溜地走出主管辦公室，不住的哀聲嘆氣。

「怎麼了，又挨罵了？」我關心地問道。

「哎，這工作沒法子做下去了。我知道自己做錯了，但主管總愛揪住這個小辮子不放，不時就要教育我一頓，簡直讓我無地自容。」王大吉嘆了口氣說。

「我覺得他根本不適合做主管，他一點都不懂得如何管理員工。」同事甲聽到我們的談話，忍不住插了句話。

俗話說：「宰相肚裡能撐船」，懂得容忍屬下過錯，不糾纏於小過失的主管才是真正的好主管。誰都會有犯錯的時候，如果揪住屬下小辮子不放，難免會傷及員工的自尊心，使其產生嚴重的逆反心理。

我曾遇到過兩位性格反差極大的主管，在他們不同的管理模式下，員工呈現出兩種不同的狀態。

主管A善於發現員工優點，他的座右銘是卡內基那句經典名言：「待人就像挖金子，如果你要挖一盎司金子，就得挖出成噸的泥土。可是你並不是要找泥土，而是找金子。」對待員工，他像挖掘金子一樣，尋找對方的優點。屬下犯了錯，如果知錯就改，主管A就會既往不咎，再也不提這檔事。

某天，員工阿強上班遲到，他結結巴巴向主管A解釋道：「報告經理，我錯了。由於鬧鈴沒響，睡過頭，從今以後，絕對不會遲到。」主管A看見阿強的態度十分誠懇，笑了笑說：「小夥子，今後一定要注意。」

為什麼主管A不苛求犯錯的阿強呢？他這樣回答的：「這個小夥子反應能力

強，是個不可多得的銷售人員。對於遲到這件事，他已經表明錯誤，就這樣算了。」

主管B則不同，同樣是員工遲到，他會把對方叫住，並數落一番，還不時提及此事，希望讓員工引以為戒。

這兩種不同作法的後果是什麼呢？主管A善於發現員工優點，小過失不追究，在員工心裡留下好印象，也樹立了威信和良好口碑。所以只要是主管A交辦的工作，員工都會戮力完成。相反，主管B喜歡揪住員工的缺點或過失不放，員工對此厭惡至極。為了表示對主管的厭惡，他們大都採取不配合的方式。常常，主管B分派下來的任務都會遇到阻礙，很難按時完成。

屬下有錯，理當進行批評。如果對方認了錯誤，並有悔改之意，最好給員工台階下，切勿狠處理，以免失去員工對主管應有的信任。

人都會犯錯，也都有優點；做人做事不要只見缺點不見優點，這樣的確很難讓人信服。有些屬下常抱怨主管沒度量，管理又嚴格，所以藉機發洩對上司的不滿。身為一名管理階層，一定要有大度，懂得分辨事情輕重，有些微不足道的小事沒必要緊抓不放，能息事寧人，就讓它過去吧！

公平對待每個人

「善待別人就是善待自己」，對待人的方式，既是考驗人品的試金石，也是能否善盡事情完美的關鍵所在。

產業競逐激烈的現代社會，比任何一個時期更注重人際關係，融洽的人際關係可以相互通融和扶持，繼而產生最大的經濟效益。

你也許初涉社會，也許久經職場「廝殺」。但是，對待同事或對待朋友，自卑或者自大都會導致「不平等待遇」的滋生與蔓延。當你習慣性地俯視或仰視某一個人，大腦思維已經開始認知人與人之間存在有不平等關係，內心也會相對產生對事情不利的負面效益。長此以往，對你的為人處世便會造成不利的影響。

人際交往中，平等是建立和諧人際關係的前提；每個人都希望得到別人的平等對待，只有這樣，健康的人際關係才能維持並發展下去。

美國獨立戰爭時期，一次，喬治・華盛頓身穿一件大衣，獨自走出營房。路上所遇官兵，沒一人能認出他來。當走到某處，他看到一群士兵正在築街壘。一個上士雙手插在口袋裡，用「嘴巴」指揮士兵將一塊巨石放在一個特定的位置上。

上士用力地喊著：「加把勁！」第一次沒有成功，第二次上士仍然站在一旁，用力喊著：「加把勁！」儘管士兵使出吃奶的力氣，那石頭就像故意和大家開玩笑一樣，絲毫未動。士兵勉強支撐著，眼看石頭就快要滾落下來，幸虧喬治・華盛頓眼明手快，跑上前用強壯的臂膀頂住巨大的石塊，這才讓把石塊推到指定地點。士兵轉過身，熱情地擁抱喬治・華盛頓，表示感謝。

「你為什麼只站在一旁喊口令，卻不上前幫忙？」喬治・華盛頓問那位上士。

上士傲慢地回說：「你問我？難道你看不出來我是這裡的上士嗎？」

「哦，這倒是事實。」喬治・華盛頓脫下外衣，露出徽章，「按照軍銜，我是上將；不過，下次需要抬重東西的時候，我還是可以幫忙。」

上士一時嚇得不知如何是好。

人際關係拒絕高傲、藐視，只要平等地對待別人，他人也才會同樣平等地對待你。那些根據對方的社會地位和經濟地位，來區分交際態度的作法是短視、勢利的。俗話說：「十年河東，十年河西」，今天的屬下明天可能成為你的上司，今天的大富翁明天可能變成窮光蛋。對你來說，今天還春風得意，明天說不定落魄潦倒。所以，只有用平等的眼光、真誠的心結交朋友，就會贏得更多的友誼。

無論你身處要職還是普通員工，平等的對待周遭的人，才能友好、和平、快樂的相處。

如何才能做到公平對待每一個人呢？

1. 複雜的人事關係需要簡單對待。不要把人際關係分成三六九等，只要能平等處之，人與人之間的關係自然會變得和諧，事情也會更容易搞定。

2. 放平自己心中的那桿秤。對待比自己地位高的人，不必卑躬屈膝，不卑不亢才是最好的姿態。同樣道理，對待比自己地位低的人，更應該主動表示關心、真誠相待。試想一下，一個高高在上的主管，肯定會讓人望而生畏，主動遠離。只有恩威並重，真誠坦蕩地處理每一件事、對待每一個人，才能讓工作變得簡單而有效能。

不管是職場生涯還是現實生活，你的「命脈」始終掌握在自己手上。如果遇到不配合的人和難纏的事時，不要怨天尤人，要先反省自己對人是否做到公平。只要平等對待每一個人，必然沒什麼事是難以搞定的。

虛心聽取建議，允許不同的聲音

著名心理學家John•P•Dickinson說：「好的傾聽者，用耳聽內容，用心聽其他聲音。」這裡所說的其他聲音，指的是不同的建議。只有虛心聽取他人的好意見，才能「對症下藥」，改掉缺點，改善自我。

午夜，電話鈴聲急促地響起。睡眼朦朧的我接起話筒，聽到電話那頭一陣啜泣聲。

我的妹妹阿華在半夜打來電話，一定是遇到什麼難事。

阿華是某家公司的企劃總監，剛剛接手一個大的企劃案。

按照慣例，企劃案初稿定下之前，都是由全體團隊人員共同研究、商討。為了使這個案子成功過關，阿華已煎熬了整整一個通宵，最終想出一個她認為完美的計劃。當阿華頂著「熊貓眼」興高采烈地和團隊成員分享這個自認為精彩的計劃時，竟遭到其中幾個成員反對。

「我認為這個計劃行不通，根本不符合市場行銷規律。」同事甲說。

「我覺得也是。要想做好這個企劃，最好的方法是先進行調查研究。」同事乙說。

你一言他一語，一下子把阿華連夜想出的計劃全盤否定了，並且還被批評得「體無完膚」。

就這樣，爭強好勝的阿華認為自尊心受到強烈打擊，半夜心裡難受就給我打來電話訴苦。

電話裡，我一句半句也說不清楚，於是約她第二天面談。

第二天，我和阿華碰面，只見她眼睛浮腫得厲害，不用提，肯定是哭了一夜。

我跟她說：「與人交往的過程中，學會傾聽是加強溝通的橋樑。提出問題的人，透過傾聽別人的意見和建議，讓講話內容更具有說服力；身為傾聽者，認真聽取別人的話，將有助於交流，在傾聽的過程中，將可接收到更多的啟示，便於豐富自己的思想和內涵。所以，虛心聽取不同的聲音，妳才能有所進步。現在的你最應該做的就是好好反思和檢視自己的計劃內容，是不是真的不適合這個專案。」

阿華聽了我的話，若有所思的點頭。

過了幾天，她打來電話跟我說：「多虧同事提出不同的建議，才讓團隊少走不少冤枉路。我已經誠懇地跟他們道謝，同時也道歉了，以後我一定要虛心聽取別人的不同觀點。」

聽著妹妹的話，我心裡的一塊石頭終於落了地，衷心為她明白這個道理而高興。

唐太宗李世民曾說：「以銅為鏡，可以正衣冠；以古為鏡，可以知興替；以人為鏡，可以知得失。」虛心聽取別人的建議，就能博採眾長，開拓自己的思維。與他人交往過程，允許不同的聲音出現，就相當於擁有美德、修養和氣度，對自我學習更將有所助益。

珍惜人才而不吝惜錢財

卡內基說過一句話：「即使有一天我的財產全部化為烏有，只要跟我一起奮鬥的是人才，也許一年、或許更短，我就又可以成為百萬富翁。」他的話一針見血地指出了成功的所在，那就是要珍惜人才。

我的偶像是卡內基，當初為了購買他的傳記，我曾冒著大雨跑遍所有的書店。有人問我：「卡內基有什麼讓你著迷的地方嗎？」每次聽到這樣的問話，我都會斬釘截鐵地告訴對方：「有，卡內基的成功很耐人尋味。」

卡內基的傳記上清清楚楚地寫著：「身為鋼鐵大王的他，對鋼鐵製造、生產的六成知之甚少。而他要做的，就是為屬下安排最擅長的工作，給予他們能力發揮的平台。」據說，卡內基深知人才的重要性。他很留意身邊是否有能力出眾的年輕人，如果讓他發現，就會傾力提拔，甚至贈予佼佼者股份，加以重用。」

讀到這裡，我不禁欽佩卡內基的才能，他知人善用，珍惜人才而不是吝惜錢財。就因為如此，他才能讓財富像滾雪球似地快速增長。

我曾在一家公司任職，那家公司的老總姓王，是個了不起的女強人。王總個子不高，但是精明幹練，深知用人之道。她對屬下呵護有加，公司上下都親切稱她為「王媽媽」。

一天，王總發現自己的一位屬下面容憔悴，詢問他是否工作太過勞累。職員聽到後竟然感動得哭了起來，將心中的痛苦情事一一向王總娓娓道來。原來，這位員工的妻子罹患癌症，高額的醫療費用壓得他喘不過氣。這位員工依然堅持工作，把沒錢給妻子治病的痛苦硬生生藏在心底。王總得知這一情況後，立即調撥資金給這名員工使用，幫他順利度過難關。

這樣的例子真是難得，王總以「人本」的柔性管理理念呵護員工，珍惜人才。

每位員工在那裡工作都會感覺到如家庭般的溫暖，心甘情願為公司付出一切。

在那家公司裡，每一個人都能找到最適合自己的事業舞台，以最大化的氣勢體現自我價值。人盡其才、才盡其用是非常重要的原則，不管身處何方，身居何位，都要記住，人才比金錢更重要。

在這裡，我要告訴各位一則為人處世原則，那就是：人比任何事情都重要。在群體社會，每個人從事不同種類的工作，接觸形形色色的人群，只有將人的位置擺到第一位，才能順利將事情搞定。因為，金錢有衡量的尺度，而人才、人脈、人際關係則是價值連城。

維持團隊和諧，保持團隊熱情

古人云：「千人同心，則得千人之力；萬人異心，則無一人之用。」當今社會，人與人分工越來越細，只有將眾人的力量凝聚在一起，才能有所作為。如何打造團隊精神，已經成為越來越多管理者思索的問題。

前兩天看雜誌，裡面有一篇文章寫來十分得趣：如果把一隻螞蟻放在地面，牠就會毫無目的地亂爬。如果讓一群螞蟻聚在一起，情況就大不相同。螞蟻之間分工細緻，有的建造複雜的巢穴，有的找尋食物，有的保護孵卵，有的抵禦外敵。一隻螞蟻的作用也許微不足道，但是絕對不能小看一群螞蟻的能力。

現代商場有一種叫「螞蟻效應」的戰術，講的就是團隊精神。在某種程度上說，一個團隊的興衰成敗、能否和諧，是否擁有熱情，就是關鍵。而今，大部分企業和管理者都注重團隊精神，「團隊精神」不是簡單的口號，而是要透過實幹來實現。

我的好友小魚最近就充分見識到團隊力量的強大性。

小魚在某家公司擔任廣告設計，面對客戶嚴苛的要求，設計稿一次又一次被客戶退件，她絞盡腦汁想不出任何更好的點子替代，小魚擔心客戶會因此棄之不做。正在她焦急萬分時，關係較好的三名設計師同事安慰她：「別著急，我們一起來幫妳。俗話說得好『三個臭皮匠勝過一個諸葛亮』，四個人肯定能想出好的設計方案。」

在同事的協助下，大家集思廣益，完美的點子層出不窮。經過仔細分析、篩選，小魚將新的設計圖拿給客戶過目，客戶接過設計稿，眼睛大放亮彩，連聲讚許。

就這樣，小魚順利通過客戶那一關。從此，她更加注重維護同事之間的關係，因為她知道，只有集思廣益，集合團隊的力量才能辦成大事。

我求學時代的一位哲學系教授，曾講述過這樣一則故事，故事的內容簡單，卻耐人回味：有一個魔法師來到一個小鎮，對一個老婦人說：「我手中有一塊魔法石，只要將它放進開水裡，魔法石就會施展魔法，變出一鍋香噴噴的美味雞湯。」老婦人搖頭表示懷疑。魔法師快步走到廣場上，找來一口大鍋，並在裡面放滿水，底下木柴開始燒火。魔法師把石頭放進鍋裡，說道：「現在的湯已經很美味了，如果有一點洋蔥就會更好。」他的話音未落，就有一為觀眾把從家裡拿來的幾片洋蔥放進去。魔法師用湯匙嘗了嘗湯水，興奮地說：「好喝極了，如果有肉就會更香。」一個小男孩飛快跑回家中取來了肉片。就這樣，在魔法師的指揮下，有人拿鹽，有人拿油……最後，湯熬煮好了，一人分了一碗。這些人邊喝邊發出嘖嘖的讚美聲，他們認為自己喝到了天底下最美味的湯。

教授說完這個故事，問大家說：「難道真的是魔法石引起作用？想必大家都不會相信。這是因為眾人齊心合力，才熬煮出一鍋無比美味的湯。」教授激昂的話振奮了在座每一位同學的心靈，在雷鳴般的掌聲中，教授為我們總結出幾個要點：

1. 從管理學角度而言，團隊是由員工和管理階層組成的一個集體。團隊精神就是合理利用每一位成員的能力，相互協助工作、解決問題，以期達成共同的目標，它是管理者和員工大局意識和協力精神的體現。

2. 要打造堅不可摧的團隊精神、建立有效的溝通機制是重點；唯有當管理者與團隊成員的溝通暢通無阻，才能達到彼此信任、彼此扶持的工作狀態。

3. 全方位進行溝通和交流是團隊合作的基礎，也是打造團隊精神的基石。日常工作中，管理者應該有意識地培養成員之間相互支援和積極溝通的意識，並且提供成員在一起交流的有效平台。

如果將良好的氛圍比喻成團隊發展的粘合劑，那麼，每一位成員積極的狀態，則是打造團隊精神的潤滑油。我認為老師的話對於每位管理者來說非常重要，如果想讓自己的團隊不斷前進，那就按照老師的說明去做，一定能使團隊找到通往成功的捷徑。

國家圖書館出版品預行編目資料

就這樣搞定你一別做不懂人性的傻瓜／鄭子勳著.
－－第一版－－臺北市：老樹創意出版；
紅螞蟻圖書發行，2012.12
面 ； 公分－－(New Century；47)
ISBN 978-986-6297-37-3（平裝）

1.人際關係 2.成功法

177.3 101023774

New Century 47

就這樣搞定你一別做不懂人性的傻瓜

作　　者／鄭子勳
美術構成／上承文化
校　　對／陳子平
發 行 人／賴秀珍
榮譽總監／張錦基
總 編 輯／何南輝
出　　版／老樹創意出版中心
發　　行／紅螞蟻圖書有限公司
地　　址／台北市內湖區舊宗路二段121巷19號（紅螞蟻資訊大樓）
網　　站／www.e-redant.com
郵撥帳號／1604621-1 紅螞蟻圖書有限公司
電　　話／(02)2795-3656（代表號）
傳　　真／(02)2795-4100
法律顧問／許晏賓律師
印 刷 廠／卡樂彩色製版印刷有限公司
出版日期／2012年 12月 第一版第一刷

定價 320 元 港幣 107 元

ISBN 978-986-6297-37-3 Printed in Taiwan